כתבא קדישא לפינלאנדיא

תְּאוֹמָא לֵוִיָּא

Käännös ja kommentit: Tuomas Levänen, Piikkiö
Kannen suunnittelu ja taitto: Matti Lahtinen, Nehemia media
Kustantaja: Nehemia media, Turku, 2016
Painopaikka: Books on Demand GmbH, Noderstedt, Saksa
Isbn: 978-952-7111-04-8

Pyhät kirjoitukset suomalaisille osa 2.

Aramea-Suomi

Johanneksen evankeliumi

Sarjassa ilmestynyt aiemmin:

Pyhät kirjoitukset suomalaisille osa 1:
Armea-Suomi interlineaari, Paavalin kirjeet galatalaisille, efesolaisille ja filippiläisille, 2015

ESIPUHE

Apostoli Johanneksen äidinkieli oli aramea. Siitä ei ole mitään erimielisyyttä. Aramean tekstissä ei ole käsikirjoituseroja juuri lainkaan kreikkaan verrattuna. Tämä pohjteksti on Critical, "Tetraevangelium Sanctum" -teoksesta (1895). Kertomus aviorikoksesta kiinniotetusta naisesta (Joh. 8:1-11) puuttuu kokonaan sekä arameasta, että luotettavista kreikan teksteistä, esimerkiksi Codex Sinaiticus. NA28 laittaa jaejakson sulkuihin siten, ettei se ole kuulunut alkuperäiseen tekstiin lainkaan. Tässä Critical tekstipohjassa kyseinen jaejakso on kreikan Harklean -tekstistä, kreikasta käännetty 700-luvun versio, mutta meillä on esimerkiksi käsikirjoitus Chaldean Cathedral of Mardin, CCM 64, arameankielinen Johanneksen evankeliumi, jossa kirjuri on kirjoittanut tekstin sivuun (f79r) arameaksi; "tiedä, rakas lukija, että tämä kappale puuttuu meidän aramean ihmisiltämme, mutta me olemme nähneet sen roomalaisilla, ja me olemme kääntäneet sen meidän aramean kielellemme, ja arabiaksi. Rukoilkaa kirjurin puolesta!" Se kertoo, että osassa teksteistä jaejakso on käännetty latinasta arameaksi. Muuten tekstissä voi välillä olla interlineaarissa vaihtoehtoinen käännös sanalle suomalaiseen sujuvaan tekstiin vastineena.

Siunattuja lukuhetkiä,

Tuomas Levänen
Beth Shean, Israel 3.12.2015

LUKUOHJE

Kirja rakentuu siten, että ensin on arameankielinen teksti, jonka alla on vastaava suomenkielen sana, usein perusmuodossa. Sujuvakieliset käännökset on erotettu interlineaarista lihavoinnilla, joka on kursivoitu.

Tuomas Leväsen kommentit erottuvat sujuvakielisestä käännöksestä siten, ettei niitä ole kursivoitu.

Lukiessasi interlineaaria on hyvä muistaa, että suomennosta luetaan, kuten arameaakin oikealta vasemmalle. Sujuvakieliset tekstit luetaan normaalisti vasemmalta oikealle.

Johanneksen evankeliumi, aramea-suomi.

Johanneksen äidinkielinen versio. Tämäkään ei voi olla kreikasta käännetty, eikä kreikka tästä, se on helppo todistaa kääntämällä kymmenkunta peräkkäistä jaetta, mistä kohdasta tahansa, kreikasta arameaksi ja vertaamalla käännöksen lopputulosta tähän. Kirjan nimi on seemiläisissä kielissä vain Jochannan, 'Herra on armollinen'. Sama kuin 'Ananias' eli 'Chananjah', jossa sanat on vain toisin päin; armollinen Herra. Suomennettu loppuvuodesta 2014 – maaliskuu 2015. Kielelliset korjaukset ja tarkistus 20.-22.9.2015 //T.Levänen, Beth-Shean, Israel.

1:1 ברשית איתוהי הוא מלתא והו מלתא איתוהי הוא
      oli se *(akk.)* sana hän ja sana oli se *(akk.)* alussa

לות אלהא ואלהא איתוהי הוא הו מלתא
      sana hän oli se on Jumala ja Jumalan luona

Siellä alussa oli se sana, ja hän itse oli se sana siellä Jumalan luona, ja Jumala, hän itse oli se sana.

2 הנא איתוהי הוא ברשית לות אלהא:
      Jumalan luona alussa oli se *(akk.)* tämä

Tämä itse oli alussa Jumalan luona.

3 כל באידה הוא ובלעדוהי אפלא חדא הות מדם דהוא:
  oli joka asia ollut yksi eikä edes häntä ilman ja oli kädessään kaikki

Kaikki oli hänen kätensä kautta, eikä ilman häntä ollut edes sitä yhtäkään, mitään, mikä oli.

Juutalaisessa perimätiedossa maailma on luotu Messiaan kautta, ja Johannan menee sen mukaan.

4 בה חיא הוא וחיא איתיהון נוהרא דבנינשא:
      ihmislasten valkeus ovat elämät ja oli elämä hänessä

Hänen kauttaan oli elämä, ja elämät ovat ihmislasten valkeus.

5 והו נוהרא בחשוכא מנהר וחשוכא לא אדרכה:
  sitä tallaa jalkoihin ei pimeys ja loistaa pimeydessä valkeus se ja

Luku 1

Johanneksen evankeliumi

Ja se valkeus loistaa pimeydessä, eikä pimeys saa sitä voitetuksi.

⁶הוא ברנשא דאשתדר מן אלהא שמה יוחנן:
Johannan nimensä   Jumalasta lähetetty joka ihmispoika oli   .

Oli mies, joka oli lähetetty Jumalasta. Hänen nimensä oli Johannan.

⁷הנא אתא לסהדותא דנסהד על נוהרא דכלנש נהימן
uskoisi jokainen että valkeudesta todistava että todistajalle tuli tämä   .

באידה:
hänen kädessään

Tämä tuli todistusta varten, todistaakseen siitä valkeudesta, että jokainen uskoisi hänen kauttaan.

⁸לא הו הוא נוהרא אלא דנסהד על נוהרא:
valkeudesta todistava että vaan valkeus ollut hän ei   .

Ei hän ollut se valkeus, vaan että hän todistaisi siitä valkeudesta.

⁹איתוהי הוא גיר נוהרא דשררא דמנהר לכלנש דאתא
tuli joka kaikille valaisee joka totuuden valkeus sillä hän oli   .

לעלמא:
maailmalle

Sillä hän oli sen totuuden valkeus, joka valaisee kaikkia, joka tuli maailmaan.

¹⁰בעלמא הוא ועלמא באידה הוא ועלמא לא ידעה:
tuntenut ei maailma ja oli kädessään maailma ja oli maailmassa

Maailmassa hän oli, ja maailma oli hänen kätensä kautta, eikä maailma tuntenut häntä.

¹¹לדילה אתא ודילה לא קבלוהי:
vastaanottaneet eivät omansa ja tuli omilleen   .

Hän tuli hänen omilleen, ja hänen omansa eivät häntä ottaneet vastaan.

¹²אילין דין דקבלוהי יהב להון שולטנא דבניא דאלהא
Jumalan lapset että käskyvalta heille antoi vastaanottivat jotka mutta   ne

Johanneksen evankeliumi

נהוון לאילין דמהימנין בשמה:
nimessään uskovat jotka niille olisivat

Mutta niille, jotka ottivat hänet vastaan, hän antoi heille sen käskyvallan, että he olisivat Jumalan lapsia – niille, jotka uskovat hänen nimessään.

Tai, "hänen nimensä kautta."

¹³ אילין דלו מן דמא ולא מן צבינא דבסרא ולא
eikä lihan tahdosta eikä verestä ei jotka nämä

מן צבינא דגברא אלא מן אלהא אתילדו:
alkaneet/synnytetyt Jumalasta vaan miehen tahdosta

Nämä, jotka eivät ole verestä, eivätkä lihan tahdosta, eivätkä miehen tahdosta, vaan saaneet alkunsa Jumalasta.

¹⁴ ומלתא בסרא הוא ואגן בן וחזין שובחה שובחא איך
kuin kirkkaus kirkkautensa näimme ja meissä kulki ja oli liha sana ja

דיחידיא דמן אבא דמלא טיבותא וקושתא:
totuus ja siunaus täynnä joka isästä joka ainoan

Ja se sana tuli lihaksi, ja kulki keskellämme, je me näimme hänen kirkkautensa, kuin sen ainoan kirkkaus, joka on isästä – joka on täynnä siunausta ja totuutta.

¹⁵ יוחנן סהד עלוהי וקעא ואמר הנו הו דאמרת דבתרי
perässäni joka sanonut josta hän tämä sanoi ja huusi ja hänestä todisti Johannan

אתא והוא לה קדמי מטל דקדמי הו מני:
minusta hän edelläni että koska minua ennen hänelle on ja tulee

Johannan todisti hänestä, ja huusi ja sanoi, "tämä on hän, josta minä olen sanonut, että hän tulee minun jälkeeni, ja hän on ennen minua, koska hän on ollut ennen minua".

¹⁶ ומן מליותה חנן כלן נסבן וטיבותא חלף טיבותא:
armo puolesta armoa ja saaneet kaikki me täyteydestään ja

Ja hänen täyteydestään me kaikki olemme saaneet, ja armoa armon sijaan.

Ennemmin siunaus, 5Moos.28, mutta menin perinteisen sanavalinnan mukaan suomennoksessa.

¹⁷ מטל דנמוסא ביד מושא אתיהב שררא דין וטיבותא
siunaus ja mutta totuus annettu Moshe kautta sana että koska

Luku 1

Johanneksen evankeliumi

ביד ישוע משיחא הוא:
oli   Messias   Jeshua   kautta

Koska kirjoitettu sana annettiin Moshe'n kautta, mutta se totuus ja se siunaus Jeshuan, Messiaan kautta.

¹⁸ אלהא לא חזא אנש ממתום יחידיא אלהא הו
hän   Jumala   ainoa   milloinkaan ihminen   näki   ei   Jumala

דאיתוהי בעובא דאבוהי הו אשתעי:
ilmoitti hän   isänsä   sylissä   on joka

Ei ihminen ole milloinkaan nähnyt Jumalaa, ainoastaan Jumala, hän, joka on isänsä sylissä, ilmoitti hänet.

¹⁹ והדא הי סהדותה דיוחנן כד שדרו לותה יהודיא
Jehudia luokseen lähettivät kun Johannan'n todistuksensa se tämä ja

מן אורשלם כהנא ולויא דנשאלוניהי אנת מן אנת:
sinä kuka sinä häneltä kysyisivät että leeviläisiä ja pappeja   Jerusalemista

Ja tämä on se Johannan'n todistus, kun juutalaiset lähettivät hänen luokseen Jerusalemista pappeja ja leeviläisiä, että he kysyisivät häneltä, "kuka sinä olet?"

²⁰ ואודי ולא כפר ואודי דלו אנא אנא משיחא:
Messias   minä minä en ole tunnusti ja kieltänyt eikä tunnusti ja

Ja hän tunnusti, eikä kieltänyt, ja tunnusti, "minä en ole se Messias".

²¹ ושאלוהי תוב מנא הכיל אליא אנת ואמר לא איתי
oletko   en sanoi ja   sinä   Elia sen tähden mikä   taas   kysyivät ja

נביא אנת ואמר לא:
en sanoi ja sinä profeetta

Ja taas he kysyivät, "kuka sinä sitten olet? Elia?" Ja hän sanoi, "en". "Oletko sinä se profeetta?" Ja hän sanoi, "en".

²² ואמרו לה ומנו אנת דנתל פתגמא לאילין דשדרון
lähettäneet jotka   niille vastaus annamme että sinä kenen ja hänelle sanoivat ja

מנא אמר אנת על נפשך:
sielusi ylle sinä sanot mitä

Ja he sanoivat hänelle, "Kuka sitten, että antaisimme vastauksen niille, jotka ovat lähettäneet meidät? Mitä sinä sanot omasta itsestäsi?"

Johanneksen evankeliumi — Luku 1

23 אמר אנא קלא דקרא במדברא דאשוו אורחה דמריא
      Herran tiensä sopivaksi että erämaassa huutaa joka ääni minä sanoi

איכנא דאמר אשעיא נביא:
      profeetta Ishaia sanoo joka kuten

Hän sanoi, "Minä olen se ääni, joka huutaa erämaassa, että tehkää se Herran tie arvolliseksi, kuten profeetta Ishaia sanoo".

24 הנון דין דאשתדרו מן פרישא הוו:
      olivat fariseuksista lähetetty jotka mutta he

Mutta he, jotka olivat lähetettyjä, olivat fariseuksista.

25 ושאלוהי ואמרו לה מנא הכיל מעמד אנת אן אנת לא
  et sinä jos sinä kastat sen tähden miksi hänelle sanoivat ja kysyivät ja

איתיך משיחא ולא אליא ולא נביא:
      profeetta et ja Elia et ja Messias olet

Ja he kysyivät, ja sanoivat hänelle, "Miksi sinä sitten kastat, jos sinä et ole Messias, etkä Elia, etkä se profeetta?"

26 ענא יוחנן ואמר להון אנא מעמד אנא במיא בינתכון
  keskellänne vedessä minä kastan minä heille sanoi ja Johannan vastasi

דין קאם הו דאנתון לא ידעין אנתון לה:
      hänelle te tunnette ei te jota hän seisoo mutta

Johannan vastasi ja sanoi heille, "Minä kastan veden kautta, mutta teidän keskellänne seisoo hän, jota te ette tunne."

27 הנו הו דבתרי אתא והוא לה קדמי הו דאנא לא שוא
  arvoinen en minä jonka hän edelläni hänelle oli ja tulee perässäni joka hän tämä

אנא דאשרא ערקא דמסנוהי:
      kenkänsä nauhaa vapautan että minä

Tämä on hän, joka tulee minun jälkeeni, ja hän oli minun edelläni; hän, jonka kengän nauhaakaan minä en ole arvollinen päästämään irti.

28 הלין בבית־עניא הוי בעברא דיורדנן איכא דמעמד
  kastamassa missä Jordanan'n vieressä olivat Beit-Ania'ssa nämä

Luku 1

Johanneksen evankeliumi

הוּא יוֹחנָן:
Johannan oli

Nämä tapahtuivat Beit-Aniassa, Jordananin vieressä, missä Johannan oli kastamassa.

Beit-Ania, taatelitalo. *Avar* on risteys, *Ever* ranta, sivu, rantapenkere. Molemmat kirjoitetaan עבר.

²⁹ וְלִיוֹמָא דְבָתְרֵהּ חזָא יוֹחנָן ליֵשׁוּעַ דָאתֵא לוָתֵהּ וֵאמַר
sanoi ja luokseen tuli kun Jeshua'n Johannan näki perässään joka päivälle ja

הָא אֵמרֵהּ דַאלָהָא הוּ דשָׁקֵל חטִיתֵהּ דְעָלמָא:
maailman syntinsä kantaa joka hän Jumalan karitsansa katso

Ja seuraavana päivänä Johannan näki Jeshuan, kun hän tuli hänen luokseen, ja sanoi, "Katso, se Jumalan karitsa, hän, joka kantaa maailman synnin!"

³⁰ הָנַו דֵאנָא אֵמרֵת עלַוהי דבָתרַי אָתֵא גַברָא וַהוָא לֵה
hänelle oli ja mies tulee perässäni että hänestä sanonut minä joka tämä

קַדמַי מֵטֻל דקַדמָי הוּ מֵני:
minusta hän edelläni että koska edelläni

Tämä on se, josta minä olen sanonut, että minun jälkeeni tulee mies, ja hän oli minun edelläni, koska hän on se, joka oli minua ennen.

³¹ וֵאנָא לָא יָדַע הוִית לֵה אֵלָא דנֵתִידַע לָאיסרָיֵל מֵטֻל
tähden Israel'lle tunnettavaksi että vaan hänelle olin tuntenut en minä ja

הָנָא אֵתִית אֵנָא דבמַיָא אַעמֵד:
kastaisin vedessä että minä tullut tämä

Ja minä en ollut tuntea häntä, mutta että hän tulisi Israelille tunnetuksi; tämän tähden minä olen tullut, että veden kautta kastaisin.

³² וַאסהֵד יוֹחנָן וֵאמַר דַחזִית לרוּחָא דנָחתָא מֵן שׁמַיָא
taivaista laskeutui joka hengen näin että sanoi ja Johannan todisti ja

אַיך יַונָא וקַוִית עלַוהי:
yllään viipyi ja kyyhkynen kuin

Ja Johannan alkoi todistamaan, ja sanoi, että "minä näin hengen, joka laskeutui taivaista, kuin kyyhkynen, ja se pysyi hänen päällään".

Johanneksen evankeliumi

33 וַאֲנָא לָא יָדַע הֲוִית לֵהּ אֶלָּא מַן דְּשַׁדְּרַנִי דְּאַעְמֵד בְּמַיָּא

ja minä ei tuntea ollut hänelle vaan se joka lähetti kastamaan vedessä

הוּ אֲמַר לִי דְּאַינָא דְּחָזֵא אַנְתְּ דְּנָחְתָּא רוּחָא וּמְקַוְיָא

hän sanoi minulle että hän jonka näet sinä että laskeutuu henki ja viipyy

עֲלוֹהִי הָנוּ מַעְמֵד בְּרוּחָא דְּקוּדְשָׁא׃

yllään tämä kastaa hengessä pyhyyden

Ja minä en ollut tuntea häntä, mutta hän, joka lähetti minut kastamaan veden kautta, sanoi minulle, että "hän se on, jonka sinä näet, että henki laskeutuu ja pysyy hänen päällään; tämä kastaa pyhyyden hengen kautta."

34 וַאֲנָא חֲזִית וְאַסְהְדֵת דְּהָנוּ בְּרֵהּ דַּאֲלָהָא׃

ja minä näin ja todistin että tämä on poika Jumalan

Ja minä näin ja olen todistanut, että tämä on Jumalan poika.

35 וּלְיוֹמָא אַחֲרֵנָא קָאֵם הוּא יוֹחַנָּן וּתְרֵין מַן תַּלְמִידוֹהִי׃

ja päivänä toinen seisoi oli Johannan ja kaksi ja oppilaistaan

Ja toisena päivänä Johannan oli seisomassa, ja kaksi hänen oppilaistaan.

36 וְחָר בְּיֵשׁוּעַ כַּד מְהַלֵּךְ וֶאֱמַר הָא אֶמְרֵהּ דַּאֲלָהָא׃

ja katsahti Jeshuaa kun käveli ja sanoi katso karitsansa Jumalan

Ja hän katsahti Jeshuaa, hänen kävellessään, ja sanoi, "katso, Jumalan karitsa!"

Voi olla lammas tai karitsa, molemmat ovat oikein. Kävely on vaellusta, kokonaista elämäntapaa, termistä *halaka*.

37 וּשְׁמַעוּ תְּרֵיהוֹן תַּלְמִידוֹהִי כַּד אֲמַר וְאֶזַלוּ לְהוֹן בָּתְרֵהּ

ja kuulivat kaksi he oppilaansa kun sanoi ja menivät heille perässään

דְּיֵשׁוּעַ׃

Jeshuan

Ja ne kaksi hänen oppilastaan ymmärsivät sen, mitä hän sanoi, ja he menivät Jeshuan perässä.

Shma on sellaista kuulemista, että myös ymmärtää kuulemansa.

38 וְאֶתְפְּנִי יֵשׁוּעַ וַחֲזָא אֱנוּן דְּאָתֵין בָּתְרֵהּ וֶאֱמַר לְהוֹן מְנָא

ja kääntyi Jeshua ja näki heidät jotka tulivat perässään ja sanoi heille mitä

Luku 1

Johanneksen evankeliumi

בעין אנתון אמרין לה רבן איכא הוא אנת:
sinä olet missä rabbimme hänelle sanoivat te etsitte

Ja Jeshua kääntyi, ja näki nämä, jotka tulivat hänen perässään, ja hän sanoi heille, "mitä te etsitte?" He sanoivat hänelle, "meidän rabbimme, missä sinä oleskelet?"

³⁹ אמר להון תו ותחזון הנון דין אתו וחזו איכא דהוא
elää missä näkivät ja tulivat mutta nämä nähkää ja tulkaa heille sanoi

ולותה הוו יומא הו ואית הוי איך שעא עסר:
kymmenes hetki kuin oli ja se päivä olivat luonaan ja

Hän sanoi heille, "tulkaa ja katsokaa". Niin nämä tulivat ja näkivät, missä hän eli, ja he olivat hänen luonaan sen päivän. Ja oli noin kymmenes hetki.

⁴⁰ חד דין מן הנון דשמעו מן יוחנן ואזלו בתרה דישוע
Jeshuan perässään meni ja Johannan'sta kuulivat jotka niistä mutta yksi

איתוהי הוא אנדראוס אחוהי דשמעון:
Shimeon'n veljensä Andreos oli se

Mutta yksi niistä, jotka kuulivat tästä Johannanilta, meni Jeshuan perässä. Se oli Andreos, Shimeonin veli.

⁴¹ הנא חזא לוקדם לשמעון אחוהי ואמר לה אשכחניהי
hänet löytäneet hänelle sanoi ja veljensä Shimeon'lle ensin näki tämä

למשיחא:
Messiaan

Tämä näki ensin veljensä Shimeonin, ja sanoi hänelle, "me olemme löytäneet hänet – Messiaan!"

⁴² ואיתיה לות ישוע וחר בה ישוע ואמר אנת הו שמעון
Shimeon hän sinä sanoi ja Jeshua häntä katsahti ja Jeshua luokse hänet vei ja

ברה־דיונא אנת תתקרא כאפא:
Keefa kutsuttava sinä Joonan poikansa

Ja hän vei hänet Jeshuan luokse, ja Jeshua katsoi häneen ja sanoi, "sinä olet se Shimeon, Joonan poika. Sinua tullaan kutsumaan nimellä Keefa".

⁴³ וליומא אחרנא צבא ישוע למפק לגלילא ואשכח
kohtasi ja Galilealle poistua Jeshua tahtoi seuraava päivälle ja

Johanneksen evankeliumi

Luku 1

לפיליפוס ואמר לה תא בתרי:
perässäni tule hänelle sanoi ja Filippos'lle

Ja seuraavana päivänä Jeshua tahtoi lähteä pois, Galileaan, ja hän kohtasi Filippos'n ja sanoi hänelle, "tule minun perässäni."

⁴⁴ הו דין פיליפוס איתוהי הוא מן בית־צידא מן מדינתה
kaupungistaan Beit-Tsaida'sta oli se *(akk.)* Filippos mutta hän .

דאנדראוס ודשמעון:
Shimeon'n ja Andreos'n

Mutta hän, siis Filippos, oli Beit-Tsaidasta, Andreos'n ja Shimeonin kaupungista.

⁴⁵ ופיליפוס אשכח לנתניאיל ואמר לה הו דכתב עלוהי
hänestä kirjoitettu joka hän hänelle sanoi ja Nathaniel'n löysi Filippos ja .

מושא בנמוסא ובנביא אשכחניהי דישוע הו בר יוסף מן נצרת:
Natsareth'sta Josef poika hän Jeshua joka hänet löytäneet profeetoissa ja sanassa Moshe

Ja Filippos löysi Nathanielin ja sanoi hänelle, "Hänet, josta on kirjoitettu Moshen sanassa, ja profeetoissa, me olemme löytäneet – hänet, joka on Jeshua, hän on Josefin poika Natsarethista!"

Juutalaisilla oli tähän aikaan odotus, että Messiaan nimi voisi olla Jeshua, moniin kirjoituksiin perustuen, mm. Ps. 72:17, johon myöhemmin nimen tilalle raaputettiin Jeshuasta "jinnon". Ajin pois, vav pidemmäksi, jolloin saadaan nunsofit, ja shin raaputettiin keskeltä kahtia. Varhaisimmat maininnat "Jinnon" –sanasta ovat 200-luvulta, rabbi Jannain kirjoituksista. Vieläkin juutalaiset rukoukset ovat täynnä Jeshuaa.

⁴⁶ אמר לה נתניאיל מן נצרת משכח מדם דטב נהוא
oleva hyvää joka asia pystyykö Natsareth'sta Nathaniel hänelle sanoi .

אמר לה פיליפוס תא ותחזא:
katso ja tule Filippos hänelle sanoi

Nathaniel sanoi hänelle, "voiko Natsarethista tulla mitään hyvää?" Filippos sanoi hänelle, "tule ja katso!"

⁴⁷ וחזיהי ישוע לנתניאיל כד אתא לותה ואמר עלוהי הא
katso hänestä sanoi ja luokseen tuli kun Nathaniel'lle Jeshua hänet näki ja .

שריראית בר איסריל דנכלא לית בה:
hänessä ei ole petos että Israel poika todellinen

Luku 1

Johanneksen evankeliumi

Ja Jeshua näki Nathanielin, kun hän tuli hänen luokseen, ja sanoi hänestä, "katso, todellinen Israelin poika, jossa ei ole petollisuutta!"

⁴⁸ אמר לה נתניאיל מן אימכא ידע אנת לי אמר לה
    hänelle sanoi minut sinä tunnet   mistä   Nathaniel hänelle sanoi

ישוע עדלא נקריך פיליפוס כד תחית תתא אנת חזיתך:
    sinut näin sinä viikunapuu alla   kun   Filippos sinut kutsui ei saakka Jeshua

Nathaniel sanoi hänelle, "mistä sinä minut tunnet?" Jeshua sanoi hänelle, "kun Filippos ei vielä kutsunut sinua, ollessasi viikunapuun alla, minä näin sinut."

Täällä on pakko olla puun alla varjossa kuumuuden tähden.

⁴⁹ ענא נתניאיל ואמר לה רבי אנת הו ברה דאלהא אנת
    sinä Jumalan   poika hän sinä rabbini hänelle   sanoi ja   Nathaniel vastasi

הו מלכה דאיסריל:
    Israel'n kuninkaansa hän

Nathaniel vastasi ja sanoi hänelle, "minun rabbini, sinä olet hän, Jumalan poika, sinä olet se Israelin kuningas!"

⁵⁰ אמר לה ישוע על דאמרת לך דחזיתך תחית תתא
    viikunapuu   alla sinut näin että sinulle sanoin että koska Jeshua   hänelle sanoi

מהימן אנת דרורבן מן הלין תחזא:
    näkevä   näistä suuremmat että sinä   uskot

Jeshua sanoi hänelle, "koska minä sanoin sinulle, että minä näin sinut viikunapuun alla, sinä uskot, että olet näkevä suurempia kuin nämä muut."

⁵¹ אמר לה אמין אמין אמר אנא לכון דמן השא תחזון
    näkevät   hetkestä että   teille minä sanon   amen amen hänelle sanoi

שמיא דפתיחין ומלאכוהי דאלהא כד סלקין ונחתין לות
    luokse laskeutuvat ja nousevat kun Jumalan   enkelinsä ja   avautuvat   taivaat

ברה דאנשא:
    Ihmisen   poika

Hän sanoi hänelle, "amen, amen, minä sanon teille, että tästä lähtien te tulette näkemään taivaat avoimina, ja Jumalan enkelien nousevan ja laskeutuvan Ihmisen Pojan luokse."

Johanneksen evankeliumi

Luku 2

2:1 וליומא דתלתא הות משתותא בקטנא מדינתא
kaupunki Katna'ssa   hääjuhla oli kolmas joka päivälle ja

דגלילא ואמה דישוע תמן הות:
oli siellä Jeshuan äitinsä ja   Galilean

Ja sinä päivänä, joka oli kolmas, oli hääjuhla Katna'ssa, Galilean kaupungissa, ja Jeshuan äiti oli siellä.

Katna on "vähäinen, pieni". Sen voisi kääntää myös, että hääjuhla oli "siinä Galilean pikkukylässä".

2 ואף הו ישוע ותלמידוהי אתקריו לה למשתותא:
hääjuhlalle sille kutsutut oppilaansa ja Jeshua hän myös ja

Ja myös hän, Jeshua, ja hänen oppilaansa, olivat kutsuttuja siihen hääjuhlaan.

3 וחסר הוא חמרא ואמרא לה אמה לישוע חמרא לית להון:
heille ei ole viini Jeshualle äitinsä hänelle sanoi ja viini oli puuttui ja

Ja viini oli loppu, ja hänen äitinsä sanoi hänelle, Jeshualle, "heillä ei ole viiniä."

4 אמר לה ישוע מא לי ולכי אנתתא לא עדכיל אתת שעתי:
hetkeni tullut vielä ei vaimo sinulle ja minulle mitä Jeshua hänelle sanoi

Jeshua sanoi hänelle, "mikä sinulla on? Minun aikani ei ole vielä tullut."

Kysymys on aramean kielen sanonta, esim "Legio" käyttää samaa Markuksen evankeliumissa.

5 אמרא אמה למשמשנא מדם דאמר לכון עבדו:
tehkää   teille sanoo että asia   palvelijoille äitinsä sanoi

Hänen äitinsä sanoi palvelijoille, "mitä hän teille sanoo, se tehkää".

Palvelija on tässä sama sana kuin "seurakuntapalvelija", tai seurakunnan "työntekijä".

6 אית הוי דין תמן אגנא דכאפא שת דסימן לתדכיתא
puhdistukselle laitetut jotka kuusi kiven astiaa siellä mutta oli *(akk.)*

דיהודיא דאחדן תרין תרין רבעין או תלתא:
kolme tai mitalliset kaksi kaksi mahtui joihin juutalaisten

Luku 2

Johanneksen evankeliumi

Mutta siellä oli kuusi kivistä vesiastiaa, jotka oli laitettu juutalaisten puhdistautumisia varten, joihin mahtui jokaiseen kaksi tai kolme mitallista.

⁷ אמר להון ישוע מלו אנין מיא לאגנא ומלו אנין עדמא לעל:
ylhäälle saakka ne täyttivät ja astioille vesi ne täyttäkää Jeshua heille sanoi

Jeshua sanoi heille, "täyttäkää ne astiat vedellä". Ja he täyttivät ne, yläreunaan saakka.

⁸ אמר להון זלועו מכיל ואיתו לריש סמכא ואיתיו:
veivät ja juhla johtajalle viekää ja siitä ammentakaa heille sanoi

Hän sanoi heille, "ammentakaa siitä, ja viekää juhlan johtajalle." Ja he veivät.

⁹ וכד טעם הו ריש סמכא מיא הנון דהוו חמרא ולא ידע הוא
oli tiennyt eikä viini oli että ne vesi juhla johtaja hän maistoi kun ja

מן אימכא הוא משמשנא דין ידעין הוו דהנון מלו אנון למיא
vedelle ne täytti ne että oli tiesivät mutta palvelijat oli mistä

קרא ריש סמכא לחתנא:
sulhasen juhla johtaja kutsui

Ja kun hän, juhlan johtaja, maistoi vettä, se olikin viiniä, eikä hän tiennyt, mistä se oli tullut. Mutta ne palvelijat tiesivät, että he olivat täyttäneet ne vedellä. Juhlan johtaja kutsui sulhasen paikalle.

¹⁰ ואמר לה כל אנש לוקדם חמרא טבא מיתא ומא דרויו
juoneet että kun ja esille hyvää viiniä ensin ihminen kaikki hänelle sanoi ja

הידין אינא דבציר אנת דין נטרתיהי לחמרא טבא עדמא
saakka hyvää viinille varjellut mutta sinä huonompi joka sellainen sitten

להשא:
tälle

Ja hän sanoi hänelle, "jokainen tarjoaa ensin hyvää viiniä, ja kun on juotu, sen jälkeen sellaista, joka on huonompaa, mutta sinä olet säästänyt hyvää viiniä tähän saakka!"

¹¹ הדא הי אתא קדמיתא דעבד ישוע בקטנא דגלילא ואודע
ilmaisi ja Galilean Katna'ssa Jeshua teki jonka ensimmäinen merkki se tämä

שובחה והימנו בה תלמידוהי:
oppilaansa hänessä uskoivat ja kirkkautensa

Tämä oli ensimmäinen merkki, se, jonka Jeshua teki Galilean Katnassa, ja ilmoitti kirkkautensa – ja hänen oppilaansa uskoivat hänen kauttaan.

Johanneksen evankeliumi — Luku 2

Messiaan merkkinä ilmoitettu tapaus. Midrash-vertauksessa kuningas on tulossa kupunkiin, ja kaupungin asukkaat haluavat antaa hänelle tynnyrillisen viiniä. Jokainen tuo sinne oman ruukullisensa. Kuninkaan tullessa viiniä maistettiin, ja se olikin vettä. Jokainen oli tuonut vettä ja ajatellut, ettei kukaan huomaa, kun muut tuovat viiniä. Mutta Messiaskuningas muuttaa veden viiniksi. Vertaus puhuu seurakunnan toiminnasta, siksi tässäkin yhteydessä srk-palvelijat. Joh. 20:30 arameassa puhuu siitä, että koko tämä kirja on näistä "Messiaan merkeistä".

12 בתר הדא נחת לכפרנחום הו ואמה ואחוהי ותלמידוהי
oppilaansa ja   veljensä ja äitinsä ja hän Kefar-Nahum'lle laskeutui tämä jälkeen .

ותמן הוו קליל יומתא:
ne päivät   pienet   oli   siellä ja

Tämän jälkeen hän meni alas Kefar-Nahumiin, hän ja hänen äitinsä ja veljensä ja oppilaansa, ja he olivat siellä ne muutamat päivät.

Sanamuoto on sellainen, että kysessä on sellaiset päivät, jotka lukijan pitäisi tietää.

13 וקריב הוא פצחא דיהודיא וסלק לאורשלם ישוע:
Jeshua Jerusalemille ylös meni ja   Jehudian pääsiäinen   oli   lähestyi ja .

Ja juutalaisten pääsiäinen oli lähestymässä, ja Jeshua meni ylös Jerusalemiin.

14 ואשכח בהיכלא להלין דמזבנין תורא וערבא ויונא
kyyhkyset ja   karitsat ja   lampaat myivät jotka   niille temppelissä heidät löysi ja .

ולמערפנא דיתבין:
istuivat jotka   rahanvaihtajia ja

Ja hän havaitsi temppelissä olevan lampaiden ja karitsojen ja kyyhkysten myyjiä, ja rahanvaihtajia, jotka istuivat.

Temppelissä ei saanut istua muu kuin Israelin kuningas. Mark. 12:41 Jeesus itse istuu. Johannes mainitsee heidän <u>istuneen</u> juuri tästä syystä. Raamatussa jokaisella sanalla on merkitys.

15 ועבד לה פרגלא מן חבלא ולכלהון אפק מן היכלא
temppelistä ajoi ulos   ne kaikki ja   köydestä   ruoska hänelle teki ja .

ולערבא ולתורא ולמערפנא ואשד עורפנהון
rahansa   heitti ja rahanvaihtajille ja   lampaille ja   karitsoille ja

ופתוריהון הפך:
kaatoi   pöytänsä ja

Luku 2

Johanneksen evankeliumi

Ja hän teki köydestä ruoskan, ja ajoi temppelistä ulos heidät kaikki, ja karitsat ja lampaat ja rahanvaihtajat, ja heitti pois heidän rahansa ja kaatoi heidän pöytänsä.

¹⁶ ולהנון דמזבנין יונא אמר שקולו הלין מכא ולא
    älkääkä täältä   nämä poistakaa sanoi kyyhkyset myivät jotka   niille ja

תעבדונה לביתה דאבי בית תאגורתא:
    kaupankäynti   talo   isäni talostaan   valmistako

Ja hän sanoi niille, jotka myivät kyyhkysiä, "viekää nämä pois täältä, älkääkä tehkö minun isäni talosta kauppapaikkaa!"

¹⁷ ואתדכרו תלמידוהי דכתיב דטננה דביתך אכלני:
   kuluttanut huoneesi kiivautensa että kirjoitus joka oppilaansa   muistivat ja

Ja hänen oppilaansa muistivat, että kirjoitettu on, että "sinun huoneesi kiivaus on minut kuluttanut".

¹⁸ ענו דין יהודיא ואמרו לה מנא אתא מחוא אנת לן
   meille sinä osoitat merkki minkä hänelle sanoivat ja Jehudia mutta vastasivat

דהלין עבד אנת:
    sinä   teet nämä että

Mutta juutalaiset vastasivat ja sanoivat hänelle, "minkä merkin sinä näytät meille, kun sinä näitä teet?"

¹⁹ ענא ישוע ואמר להון סתורו היכלא הנא ולתלתא
   kolmelle ja tämä temppeli hajottakaa heille sanoi ja Jeshua vastasi

יומין אנא מקים אנא לה:
   sille minä nostan minä   päivät

Jeshua vastasi ja sanoi heille, "hajottakaa tämä temppeli, ja minä nostan sen ylös kolmessa päivässä."

²⁰ אמרין לה יהודיא לארבעין ושת שנין אתבני היכלא
   temppeli rakennettu vuodet kuusi ja   40   Jehudia hänelle sanoivat

הנא ואנת לתלתא יומין מקים אנת לה:
    sen sinä nostat päivät kolmelle sinä ja tämä

Juutalaiset sanoivat hänelle, "46 vuotta tätä temppeliä on rakennettu, ja sinäkö nostat sen pystyyn kolmessa päivässä?"

Johanneksen evankeliumi

Luku 2

21 הו דין אמר הוא על היכלא דפגרה:
    . hän sanoi mutta hän ylle temppeli ruumiinsa

Mutta hän puhui oman ruumiinsa temppelistä.

22 כד קם דין מן בית מיתא אתדכרו תלמידוהי דהדא
    kun nousi mutta huoneesta kuolleet muistutettiin oppilaansa tämän

אמר הוא והימנו לכתבא ולמלתא דאמר ישוע:
    sanoi oli ja kirjoituksen ja sanan jonka sanoi Jeshua

Mutta kun hän oli noussut kuolleista, hänen oppilaitaan muistutettiin, että hänen sanoi tämän, ja he uskoivat kirjoituksiin ja niihin sanoihin, jotka Jeshua sanoi.

23 כד איתוהי הוא דין ישוע באורשלם בפצחא בעדעדא
    . kun oli siellä hän mutta Jeshua Jerusalemissa pääsiäisessä juhlassa

סגיאא הימנו בה דחזו אתותא דעבד:
    monet uskoivat hänessä jotka näkivät merkit ne jota teki

Mutta kun hän, Jeshua, oli Jerusalemissa pääsiäisenä, juhlassa, monet uskoivat hänen kauttaan, kun näkivät niitä merkkejä, joita hän teki.

24 הו דין ישוע לא מהימן הוא להון נפשה מטל דהו ידע
    . hän mutta Jeshua ei uskonut hän heille sielunsa koska että hän tunsi

הוא לכלנש:
    hän jokaiselle

Mutta hän, Jeshua, ei uskonut itseään heille, koska hän tunsi jokaisen.

25 ולא סניק הוא דאנש נסהד לה על כל ברנש הו גיר
    . eikä tarvinnut hän että ihminen todistava hänelle ylle kaikki ihminen hän sillä

ידע הוא מנא אית בברנשא:
    tiesi hän mitä oli ihmispojassa

Eikä hän tarvinnut ketään todistamaan hänestä kaikille ihmisille, sillä hän tiesi, mitä ihmisessä oli.

Luku 3

Johanneksen evankeliumi

3:1 אִית הֲוָא דֵין תַּמָּן חַד גַּבְרָא מִן פְּרִישֵׁא נִיקָדְמוֹס
      Nikodemos   fariseuksista   mies yksi siellä mutta   hän   oli

שְׁמֵהּ הוּא אַרכוּנָא דִיהוּדָיֵא:
          Jehudian   ruhtinas oli nimensä

Mutta siellä oli yksi mies fariseuksista, Nikodemos nimeltään. Hän oli se juutalaisten johtaja.

Nikodemos ben Gurion oli yksi Jerusalemin varakkaimmista miehistä. Tästä miehestä myös Israelin ensimmäinen pääministeri David otti sukunimensä. Ruhtinas, arkhon, on sama sana kreikassakin.

² הָנָא אֶתָא לְוָת יֵשׁוּעַ בְּלֵלְיָא וֶאֱמַר לֵהּ רַבִּי יָדְעִינַן
    tiedämme rabbi hänelle sanoi ja   yössä   Jeshua luokse tuli hän

דְּמִן אַלָהָא אֶשְׁתַּדַּרְתְּ מַלְפָנָא לָא גֵּיר אֱנָשׁ מֶשְׁכַּח הָלֵין
    nämä   pysty ihminen sillä ei opettaja   lähetetty Jumalasta että

אָתוָתָא לְמֶעְבַּד דְּאַנְתְּ עָבֵד אֶלָא מַן דְּאַלָהָא עַמֵהּ:
  kanssaan Jumala että kuka vaan   sinä   teet sinä jotka tekemässä ne merkit

Hän tuli Jeshuan luokse yöllä ja sanoi hänelle, "rabbi, me tiedämme, että sinä olet Jumalan lähettämä opettaja, sillä ei kukaan pysty tekemään näitä merkkejä, joita sinä teet, ellei Jumala ole hänen kanssaan.

³ עְנָא יֵשׁוּעַ וֶאֱמַר לֵהּ אַמִין אַמִין אָמַר אֲנָא לָךְ דְּאֶן אֱנָשׁ
  ihminen jos että sinulle minä   sanon   amen amen hänelle sanoi ja Jeshua vastasi

לָא מֶתִילֵד מִן דְּרִישׁ לָא מֶשְׁכַּח דְּנֶחְזֵא מַלְכּוּתֵהּ דְּאַלָהָא:
 Jumalan kuningaskuntansa näkevä että   pysty   ei   päästä synnytetty ei

Jeshua vastasi ja sanoi hänelle, "amen, amen, minä sanon sinulle, että jos ihminen ei ole syntynyt ylhäältä, hän ei voi nähdä Jumalan kuningaskuntaa".

⁴ אֲמַר לֵהּ נִיקָדְמוֹס אַיכַּנָא מֶשְׁכַּח דְּנֶתִילֵד גַּבְרָא סָבָא
   vanha   mies syntyvä että pystyy miten Nikodemos hänelle sanoi

דַּלְמָא מֶשְׁכַּח תּוּב לְכַרְסָא דְּאֶמֵהּ דְּתַרְתֵּין זַבְנִין
   kerran   toisen   äitinsä   kohdulle   taas pysty kuinka että

לְמֶעַל וְנֶתִילֵד:
     syntyvä ja   sisälle

Nikodemos sanoi hänelle, "kuinka vanha mies pystyy syntymään, kuinka hän pystyisi menemään taas äitinsä kohtuun uudestaan, ja syntymään?"

Johanneksen evankeliumi

⁵ עֲנָא יֵשׁוּעַ וֶאֱמַר לַהּ אָמִין אָמִין אֲנָא לָךְ דְּאֶן אֱנָשׁ
  ihminen jos että sinulle minä sanon amen amen hänelle sanoi ja Jeshua vastasi .

לָא מֶתיְלִד מִן מַיָּא וְרוּחָא לָא מַשׁכַּח דְּנֶעוּל לְמַלְכּוּתָא
  kuningaskunnalle sisälle että pysty ei henki ja vedestä synnytetty ei

דַּאלָהָא׃
  Jumalan

Jeshua vastasi ja sanoi hänelle, "amen, amen, minä sanon sinulle, että jos ihminen ei ole synnytetty vedestä ja hengestä, ei hän voi päästä sisään Jumalan kuningaskuntaan".

⁶ מֶדֶּם דִּילִיד מִן בֶּסרָא בֶּסרָא הוּ וּמֶדֶּם דִּילִיד מִן רוּחָא
  hengestä syntyy joka asia ja se liha lihasta syntyy joka asia .

רוּחָא הוּ׃
  se henki

Joka syntyy lihasta, on lihaa, ja joka syntyy hengestä, on henkeä.

⁷ לָא תֶּתּדַּמַּר דֶּאמרֶת לָךְ דְּוָלֵא לְכוֹן לְמֶתיְלָדוּ מִן דְּרִישׁ׃
  päästä synnytykselle teille täytyy että sinulle sanoin että ihmettele älä .

Älä ihmettele, että minä sanoin sinulle, että teidän täytyy syntyä ylhäältä.

⁸ רוּחָא אַתַר דְּצָביָא נָשׁבָּא וְקָלַהּ שָׁמַע אַנתּ אֶלָא לָא יָדַע
  tiedä et vaan sinä kuulet äänensä ja puhaltaa tahtoo että paikka tuuli .

אַנתּ אַימֶכָּא אָתיָא וְלַאיכָּא אָזלָא הָכַנָא אִיתַוהי כֻּלנָשׁ
  jokainen on siten menee minne ja tulee mistä sinä

דִּילִיד מִן רוּחָא׃
  hengestä syntyy joka

Tuuli puhaltaa paikassa, missä tahtoo, ja sinä kuulet sen äänen, mutta et tiedä, mistä se tulee ja minne menee. Sellainen on jokainen, joka syntyy hengestä.

⁹ עֲנָא נִיקָדִמוֹס וֶאֱמַר לַהּ אַיכַּנָא מַשׁכְּחָן הָלֵין לְמֶהוָא׃
  oleva nämä pystyvät kuinka hänelle sanoi ja Nikodemos vastasi .

Nikodemos vastasi ja sanoi hänelle, "kuinka nämä voivat tapahtua?"

¹⁰ עֲנָא יֵשׁוּעַ וֶאֱמַר לַהּ אַנתּ הוּ מַלפָנָא דְּאִיסרָיֵל וְהָלֵין
  nämä ja Israelin opettajansa hän sinä hänelle sanoi ja Jeshua vastasi .

Luku 3

Johanneksen evankeliumi

לָא יָדַע אַנְתְּ:
sinä   tunne   et

Jeshua vastasi ja sanoi hänelle, "sinä olet Israelin opettaja, etkä sinä tiedä näitä?"

¹¹ אָמִין אָמִין אָמַר אֲנָא לָךְ דְּמֶדֶּם דְּיָדְעִין חְנַן מְמַלְּלִין חְנַן
me puhumme me tiedämme jota asia että sinulle minä sanon amen amen

וּמֶדֶּם דַּחְזֵין מַסְהְדִין אֲנַחְנַן וְסָהְדּוּתַן לָא מְקַבְּלִין אַנְתּוּן:
te hyväksytte ette todistuksiamme ja   me todistamme näemme jota asia ja

Amen, amen minä sanon sinulle, että me puhumme sitä, mitä me tiedämme, ja ne asiat, joita me näemme, me todistamme, ettekä te ota vastaan meidän todistustamme.

¹² אֶן דְּבַאֲרְעָא אֶמְרֶת לְכוֹן וְלָא מְהַיְמְנִין אַנְתּוּן אַיכַּנָא אֶן
jos kuinka te uskotte ettekä teille sanonut maassa joka jos

אֹמַר לְכוֹן דְּבַשְׁמַיָּא תְּהַימְנוּנָנִי:
minua uskoisitte taivaissa joka teille sanon

Jos minä olen puhunut teille siitä, joka on maassa, ettekä te usko, kuinka te uskoisitte minua, jos sanon siitä, mikä on taivaissa?

¹³ וְלָא אְנָשׁ סְלֶק לַשְׁמַיָּא אֶלָּא הַו דִּנְחֶת מֶן שְׁמַיָּא בְּרֵהּ
poikansa taivaista alas tuli joka hän vaan taivaille noussut ihminen eikä

דְּאְנָשָׁא הַו דְּאִיתַוהי בַּשְׁמַיָּא:
taivaissa on joka hän ihmisen

Eikä kukaan ole noussut taivaisiin, paitsi hän, joka tuli alas taivaista, se ihmisen poika – Hän, joka on taivaissa.

¹⁴ וְאַיכַּנָא דַּאֲרִים מוּשֶׁא חֶוְיָא בְּמַדְבְּרָא הָכַנָא עְתִיד
tuleva samoin erämaassa käärme Moshe ylensi että samoin ja

לְמֶתְּתָּרָמוּ בְּרֵהּ דְּאְנָשָׁא:
ihmisen poika ylennetään

Ja samoin kun Moshe korotti käärmeen erämaassa, samoin tulee Ihmisen Poika korotetuksi.

Käärme on tässä vähän erikoinen sana, sehän on kuin "se elävä". 7x UT; Matt. 7:10, Luuk. 11:11, 2Kor. 11:3...

24

Johanneksen evankeliumi — Luku 3

¹⁵ דכל אנש דמהימן בה לא נאבד אלא נהוון לה חיא
. elämä hänelle oleva vaan katoava ei hänessä uskoo joka ihminen kaikki että

דלעלם:
iankaikkinen

Että jokainen, joka uskoo hänen kauttaan, ei hukkuisi, vaan hänelle olisi iankaikkinen elämä.

¹⁶ הכנא גיר אחב אלהא לעלמא איכנא דלברה יחידיא
. ainoa poikansa että samoin maailmaa Jumala rakastaa sillä siten

נתל דכל מן דמהימן בה לא נאבד אלא נהוון לה חיא
elämä hänelle oleva vaan katoava ei hänessä uskovat jotka kaikki että luovuttava

דלעלם:
iankaikkinen

Sillä tavalla Jumala rakastaa maailmaa, että samoin hän antaa ainoan poikansa, että jokainen, joka uskoo hänen kauttaan, ei hukkuisi, vaan hänelle olisi iankaikkinen elämä.

Näissä molemmissa jakeissa "uskoo häneen" tai "hänen kauttaan" ovat molemmat kieliopillisesti oikeita lukutapoja. Verbimuodoissa aktiivipreesens.

¹⁷ לא גיר שדר אלהא לברה לעלמא דנדוניוהי לעלמא
. maailmalle tuomitsisi että maailmalle pojalleen Jumala lähetti sillä ei

אלא דנחא לעלמא באידה:
kädessään maailmalle elävä että vaan

Sillä ei Jumala lähettänyt poikansa maailmaan, että hän tuomitsisi maailman, vaan että maailma saisi elää hänen kätensä kautta.

¹⁸ מן דמהימן בה לא מתתדין ומן דלא מהימן מן כדו דין
. kuin valmiiksi usko ettei joka ja tuomitaan ei hänessä uskoo joka kuka

הו דלא הימן בשמה דיחידיא ברה דאלהא:
Jumalan poikansa ainoa joka nimessään usko ettei hän

Joka uskoo hänen kauttaan, häntä ei tuomita, ja joka ei usko, hän on jo nyt tuomittu, kun hän ei usko hänen nimensä kautta, joka on Jumalan ainoa poika.

¹⁹ הנו דין דינא דנוהרא אתא לעלמא ואחבו בנינשא
. ihmislapset rakastivat ja maailmalle tullut valkeus että tuomio mutta tämä

Luku 3

Johanneksen evankeliumi

לחשוכא יתיר מן דלנוהרא איתיהון הוו גיר עבדיהון
tekonsa sillä olivat ne valkeutta kuin enemmän pimeyttä

בישא:
pahat

Mutta tämä on se tuomio, että valkeus on tullut maailmaan, ja ihmislapset rakastivat pimeyttä enemmän kuin valkeutta, sillä ne heidän tekonsa olivat pahoja.

²⁰ כל גיר דסניתא עבד סנא לנוהרא ולא אתא לנוהרא
valkeuteen tule eikä valkeutta inhoaa tekee inhottavat jotka sillä kaikki

דלא נתכססון עבדוהי:
tekonsa syyttäisivät ettei

Sillä jokainen, joka tekee inhottavuuksia, inhoaa sitä valkeutta, eikä tule valkeuteen, etteivät heidän tekonsa syyttäisi.

²¹ הו דין דעבד שררא אתא לות נוהרא דנתידעון
tunnettavat että valkeus luokse tulee totuus tekee joka mutta hän

עבדוהי דבאלהא עבידין:
tapahtuisivat Jumalassa että tekonsa

Mutta hän, joka tekee totuutta, tulee sen valkeuden luokse, että hänen tekonsa tulisivat tunnetuiksi – että ne tapahtuisivat Jumalan kautta.

²² בתר הלין אתא ישוע ותלמידוהי לארעא דיהוד
Jehud'n maalle oppilaansa ja Jeshua tuli nämä jälkeen

ותמן מתהפך הוא עמהון ומעמד:
kastoi ja kanssaan hän palasi siellä ja

Näiden jälkeen Jeshua ja hänen oppilaansa tulivat Jehud'n maahan; ja hän palasi sinne heidän kanssaan, ja hän kastoi.

²³ אף יוחנן דין מעמד הוא בעין-יון דעל גנב שלים מטל
koska Shalim sivu yllä joka Ain-Jon'ssa oli kastoi mutta Johannan myös

דמיא אית הוו תמן סגיאא ואתין הוו ועמדין:
kastettiin ja olivat tulivat ja monet siellä oli vettä

Mutta myös Johannan kastoi Ain-Jon'ssa, joka on Shalim'n vieressä, koska siellä oli vettä. Monia tuli, ja heidät kastettiin.

Johanneksen evankeliumi

Luku 3

Ain-Jon, "kyyhkysen silmä". Shalim on sama kuin Saalem. Psalmi 76:3 ja Melkisedek – kuninkaallisen papiston hallituspaikka, vaikka fariseukset käänsivätkin Saalemin usein Jerusalemiksi. Tosefta Berachot mukaan Jerusalemin edellinen nimi oli Tsion, mutta Abramin aikaan siis Shalim.

²⁴ לא גיר עדכיל נפל הוא יוחנן בית אסירא:
    ei sillä vielä pudonnut ollut Johannan huone vangit

Sillä Johannan ei vielä ollut pudotettu vankilaan.

Tässä tulee näkyviin se ajatus, että vankeja säilytettiin maanalaisessa kammiossa, "maan povessa".

²⁵ הות הות דין בעתא לחד מן תלמידוהי דיוחנן
    tapahtui mutta kiista yhdelle oppilaistaan Johannan'n
עם יהודיא חד על תדכיתא:
    kanssa Jehudia yksi ylle puhdistautuminen

Mutta yhdelle Johannan'n oppilaista tuli väittelyä yhden juutalaisen kanssa, puhdistautumisesta.

²⁶ ואתו לות יוחנן ואמרו לה רבן הו דעמך הוא בעברא
    ja tulivat luokse Johannan ja sanoivat hänelle herramme hän joka kanssasi oli risteyksessä
דיורדנן דאנת סהדת עלוהי הא אף הו מעמד
    Jordanan'n josta sinä todistit hänestä katso todistit myös hän kastaa
וסגיאא אתין לותה:
    ja monet tulevat luokseen

Ja he tulivat Johannan'n luokse ja sanoivat hänelle, "herramme, hän, joka oli sinun kanssasi Jordanan'n rantapenkereellä, josta sinä todistit, katso, myös hän kastaa ja monet tulevat hänen luokseen."

²⁷ ענא יוחנן ואמר להון לא משכח ברנשא למסב
    vastasi Johannan ja sanoi heille ei pysty mies saada
מן צבות נפשה מדם אלא אן אתיהב לה מן שמיא:
    tahdosta sielunsa asia vaan jos annettu hänelle taivaista

Johannan vastasi ja sanoi heille, "ei kukaan voi saada mitään oman sielunsa tahdosta, ellei hänelle ole annettu taivaista."

Johanneksen evankeliumi

²⁸אנתון סהדין אנתון לי דאמרת דאנא לא הוית משיחא
Messias ole en minä että sanoin että minulle te todistatte te

אלא שליחא אנא דקדמוהי:
hänen edellään joka minä lähetetty vaan

Te olette minun todistajiani, että minä sanoin, että minä en ole Messias, vaan minä olen se, joka on lähetetty hänen edellään.

²⁹מן דאית לה כלתא חתנא הו רחמה דין דחתנא הו
hän sulhasen mutta ystävänsä hän sulhanen morsian hänelle on että kuka

דקאם וצאת לה חדותא רבתא חדא מטל קלה דחתנא
sulhasen äänensä tähden iloitsee valtava ilo hänelle kuuntelee ja seisoo joka

הדא הכיל חדותא דילי הא ממליא:
täytetty katso minun ilo sen tähden tämä

Jolla on morsian, on sulhanen. Mutta hän, sulhasen ystävä, joka seisoo ja kuuntelee häntä, iloitsee valtavalla ilolla sulhasen äänen tähden. Sen tähden, katso, tämä minun iloni on täyttynyt.

³⁰להו הו ולא למרבא ולי למבצר:
vähentyä minulle ja suurentua täytyy hän hänelle

Hänen tulee suurentua ja minun vähentyä.

³¹הו גיר דמן לעל אתא לעל מן כל הו והו דמן ארעא
maasta joka hän ja hän kaikista ylle tuli ylhäältä joka sillä hän

מן ארעא הו ומן ארעא ממלל הו דמן שמיא אתא
tuli taivaista joka hän puhuu maasta ja hän maasta

לעל מן כל הו:
se kaikista ylle

Sillä hän, joka tuli ylhäältä, on yli kaikkien, ja hän, joka on maasta, hän on maasta ja puhuu sitä, mikä on maasta. Hän, joka tuli taivaista, on yli kaikkien.

³²ומדם דחזא ושמע מסהד וסהדותה לא אנש מקבל:
ota vastaan ihminen ei todistustaan ja todistaa kuuli ja näki jonka asia ja

Ja hän todistaa siitä, mitä on nähnyt ja kuullut, eikä kukaan ota hänen todistustaan vastaan.

Johanneksen evankeliumi

³³ הו דין דקבל סהדותה חתם דאלהא שרירא הו:
hän totuus Jumala että ymmärtää todistuksensa vastaanottaa joka mutta hän

Mutta joka ottaa vastaan hänen todistuksensa, ymmärtää, että Jumala on se totuus.

³⁴ אינא גיר דאלהא שדרה מלא הו דאלהא ממלל לא
ei puhuu Jumalan hän sanat lähettänyt Jumala jonka sillä sellainen

הוא גיר בכילא יהב אלהא רוחא:
henki Jumala antaa mitassa sillä ollut

Sillä se, jonka Jumala on lähettänyt, puhuu Jumalan sanoja, sillä Jumala ei anna henkeä mitalla.

³⁵ אבא מחב לברא וכל מדם יהב באידוהי:
käsiinsä antoi asia kaikki ja pojalle rakastaa isä

Isä rakastaa poikaa, ja on antanut kaiken hänen käsiinsä.

³⁶ מן דמהימן בברא אית לה חיא דלעלם ומן דלא
ei joka kuka ja iankaikkinen elämä hänelle on pojassa uskoo joka kuka

מתטפיס לברא לא נחזא חיא אלא רוגזה דאלהא
Jumalan vihansa vaan elämä näkevä ei pojalle tottele

נקוא עלוהי:
häntä vastaan seisoo

Joka uskoo pojan kautta, hänellä on iankaikkinen elämä, ja joka ei poikaa tottele, ei ole elämää näkevä, vaan Jumalan viha on pysyvä häntä vastaan.

Johanneksen evankeliumi

4:1 ידע דין ישוע דשמעו פרישא דתלמידא סגיאא
monet oppilaat että fariseukset kuulivat että Jeshua mutta tiesi

עבד ומעמד יתיר מן יוחנן:
Johannan'sta enemmän kastoi ja   teki

Mutta Jeshua tiesi, että fariseukset olivat kuulleet hänen tekevän monia oppilaita, ja kastavan enemmän kuin Johannan.

2 כד לא הוא הו ישוע מעמד הוא אלא תלמידוהי:
oppilaansa vaan ollut kastoi Jeshua hän ollut ei kun

Kuitenkaan hän, Jeshua, ei kastanut, vaan hänen oppilaansa.

3 ושבקה ליהוד ואזל לה תוב לגלילא:
Galilealle taas hänelle meni ja Jehud'lle poistui ja

Ja hän poistui Jehud'sta ja meni taas Galileaan.

4 מעבדא הות לה דין דנאתא נעבר על בית שמריא:
Samaria huone yli ohittava tuleva että mutta hänelle oli   pakko

Mutta hänen oli pakko tulla kulkemaan Shamarian huoneen kautta.

5 ואתא למדינתא דשמריא דמתקריא שכר על גנב
sivu ylle Shikar kutsutaan jota samarialainen kaupungille   tuli ja

קריתא דיהב הוא יעקוב ליוסף ברה:
poikansa Josef'lle   Jakob ollut antoi jonka   kylä

Ja hän tuli samarialaiseen kaupunkiin, jota kutsutaan Shikar, sen kylän vierelle, jonka Jakob oli antanut pojalleen Josefille.

Nimi *Shikar* merkitsee jonkinlaista juomista, tai janon sammuttamista.

6 ואית הוא תמן מעינא דמיא דיעקוב הו דין ישוע לאא
väsynyt Jeshua mutta hän Jakob'n veden lähde siellä oli ja

הוא מן עמלא דאורחא ויתב הוא לה על מעינא
lähde yllä hänelle oli istui ja   tien matkanteosta   oli

ואית הוי שת שעין:
hetki kuusi oli   ja

Johanneksen evankeliumi

Ja siellä oli se Jakobin vesilähde. Mutta hän, Jeshua, oli väsynyt matkan vaivoista, ja hän istui lähteelle, ja oli kuudes hetki.

⁷ ואתת אנתתא מן שמרין דתמלא מיא ואמר לה ישוע
Jeshua hänelle sanoi ja vettä täyttämään Samariasta vaimo tuli ja .

הב לי מיא אשתא:
juoda vesi minulle anna

Ja Samariasta tuli vaimo ammentamaan vettä, ja Jeshua sanoi hänelle, "annatko minulle vettä juotavaksi?"

Pyyntö, ei käskymuoto. Suomalaisessa vain "anna minulle juoda". Myös jae yhdeksän viittaa kysymykseen.

⁸ תלמידוהי גיר עלו הוו למדינתא דנזבנון להון סיברתא:
tarpeita heille ostavat että kaupungille olivat sisään sillä oppilaansa .

Sillä hänen oppilaansa olivat menneet sinne kaupunkiin, että ostaisivat heille elintarvikkeita.

⁹ אמרא לה הי אנתתא שמריתא איכנא אנת יהודיא
Jehudia sinä kuinka samarialainen vaimo se hänelle sanoi .

אנת ומני שאל אנת למשתא דאיתי אנתתא שמריתא
samarialainen vaimo olen joka juoda sinä kysyt minusta ja sinä

לא גיר מתחשחין יהודיא עם שמריא
Samaria kanssa Jehudia seurustele sillä ei

Se samarialainen vaimo sanoi hänelle, "kuinka sinä, juutalainen, pyydät juotavaa minulta, joka olen samarialainen nainen? Sillä eivätkän juutalaiset keskustele samarialaisten kanssa?"

¹⁰ ענא ישוע ואמר לה אלו ידעא הויתי מוהבתא דאלהא
Jumalan lahja omistaa tiedät jospa hänelle sanoi ja Jeshua vastasi .

ומנו הנא דאמר לכי הב לי אשתא אנתי שאלא הויתי לה
hänelle omistaa pyytänyt sinä juoda minulle anna sinulle sanoi joka tämä kuka ja

ויהב הוא לכי מיא חיא:
elävä vesi sinulle hän antaa ja

Jeshua vastasi ja sanoi hänelle, "jos sinä vain tietäisit sen Jumalan lahjan, ja kuka on tämä, joka sinulle sanoi, antaisitko minulle juoda, sinä olisit pyytänyt siitä, mitä hänellä on ja hän antaa sinulle elävää vettä."

¹¹ אמרא לה אנתתא הי מרי לא דולא אית לך ובֿרא
    kaivo ja sinulle *(akk.)* vesiastia ei herran i se vaimo hänelle sanoi

עמיקא אימכא לך מיא חיא:
    elävä vesi sinulle mistä syvä

Se vaimo sanoi hänelle, "herrani, eihän sinulla ole vesiastiaa, ja kaivo on syvä. Mistä sinulla se elävä vesi on?"

¹² למא אנת רב אנת מן אבון יעקוב הו דהו יהב לן ברא
    kaivo meille antoi joka hän Jakob isästämme sinä suuri sinä oletko

הדא והו מנה אשתי ובנוהי וענה:
    laumansa ja lapsensa ja joi siitä hän ja tämä

Oletko sinä suurempi kuin meidän isämme Jakob, hän, joka antoi meille tämän kaivon, ja hän joi siitä, ja hänen lapsensa ja laumansa?

Midrash Rabbah ja muutkin kertovat, kuinka Jakob sai veden nousemaan sen kaivon pintaan, eikä tarvinnut ammentaa syvältä. Nainen ajattelee Jeesuksen tekevän saman, mutta vielä paremmin, että se vesi virtaa kaivosta ulos. Elävä vesi merkitsee myös virtaavaa vettä.

¹³ ענא ישוע ואמר לה כל דנשתא מן הלין מיא תוב
    taas vesi näistä juo joka kaikki hänelle sanoi ja Jeshua vastasi

נצהא:
    janoava

Jeshua vastasi ja sanoi hänelle, "jokainen, joka juo näistä vesistä, janoaa taas"

¹⁴ כל דין דנשתא מן מיא דאנא אתל לה לא נצהא
    janoava ei hänelle tarjoan minä jota vedestä juova joka mutta kaikki

לעלם אלא מיא הנון דיהב אנא לה נהוון בה מעינא
    lähteet hänessä oleva hänelle minä annan jota ne vedet vaan iankaikkisesti

דמיא דנבעין לחיא דלעלם:
    iankaikkinen elämälle lähteenä joka veden

Mutta jokainen, joka juo siitä vedestä, jota minä hänelle tarjoan, ei janoa iankaikkisesti, vaan ne vedet, joita minä hänelle annan, ovat oleva hänelle sen veden lähteenä, joka on lähteenä sitä iankaikkista elämää varten.

Johanneksen evankeliumi

15
אמרא לה אנתתא הי מרי הב לי מן הלין מיא דלא
    ettei vedet näistä minulle anna herrani se vaimo hänelle sanoi

תוב אצהא ולא הוית אתיא דליא מן הרכא:
    tästä ammentamaan tulisi ollut en ja janoa taas

Se vaimo sanoi hänelle, "minun herrani, anna minulle siitä vedestä, etten minä taas janoa, enkä minä tästä tulisikaan ammentamaan."

16
אמר לה ישוע זלי קרי לבעלכי ותי להרכא:
    tänne tule ja aviomiehesi kutsu mene Jeshua hänelle sanoi

Jeshua sanoi hänelle, "mene, kutsu aviomiehesi ja tule tänne".

17
אמרא לה לית לי בעלא אמר לה ישוע שפיר אמרתי
  sanoit kauniisti Jeshua hänelle sanoi aviomies minulla ei ole hänelle sanoi

דלית לי בעלא:
    aviomies minulle ei ole että

Hän sanoi hänelle, "ei minulla ole aviomiestä". Jeshua sanoi hänelle, "sinä sanoit kauniisti, ettei 'minulla ole aviomiestä'."

18
חמשא גיר בעלין הוו לכי והנא דאית לכי השא לא
    ei   nyt sinulle on joka tämä ja sinulle oli aviomiehet sillä   viisi

הו בעלכי הדא שרירתא אמרתי:
    sanonut   totuutta tämä aviomiehesi ole

Sillä viisi aviomiestä sinulla oli, ja tämä, joka sinulla nyt on, ei ole sinun aviomiehesi. Tässä puhuit totta.

19
אמרא לה הי אנתתא מרי חזיא אנא דנביא אנת:
    sinä profeetta että minä näen herrani vaimo se hänelle sanoi

Se vaimo sanoi hänelle, "minun herrani, minä näen, että sinä olet profeetta."

20
אבהין בהנא טורא סגדו ואנתון אמרין אנתון
    te   sanotte   te ja palvovat vuori tässä isämme

דבאורשלם הו אתר דולא למסגד:
    palvoa täytyy jossa paikka se Jerusalemissa että

Luku 4

Johanneksen evankeliumi

Meidän isämme palvovat tällä vuorella, ja te sanotte, että Jerusalemissa on se paikka, jossa täytyy palvoa.

Kaivo on siunauksen ja kirouksen vuoren välissä; Garissim, siunauksen vuori oli rukouspaikkana.

²¹ אמר לה ישוע אנתתא הימניני דאתיא שעתא דלא
ettei hetki tuleva että minua usko vaimo Jeshua hänelle sanoi

בהנא טורא ואף לא באורשלם תסגדון לאבא:
isälle palvotte Jerusalemissa ei myös ja vuori tässä

Jeshua sanoi hänelle, "vaimo, usko minua, että tulee aika, kun te ette palvo isää tällä vuorella, ettekä edes Jerusalemissa."

²² אנתון סגדין אנתון למדם דלא ידעין אנתון חנן דין
kuin me te tiedätte ettei asialle te palvotte te

סגדין חנן למא דידעין חנן דחיא מן יהודיא אנון:
ovat Jehudiasta elämä että me tiedämme että miksi me palvomme

Te palvotte sellaista, mitä te ette tunne, mutta me palvomme, mitä me tunnemme, sillä elämä on juutalaisista.

Viimeisen sanan perusteella elämä voi olla tässä monikossa. "Elämät ovat juutalaisista".

²³ אלא אתיא שעתא והשא איתיה אמתי דסגודא
palvojien kun on nyt ja hetki tulee vaan

שרירא נסגדון לאבא ברוחא ובשררא אף אבא גיר דאיך
kuin että sillä isä myös totuudessa ja hengessä isälle palvovat totuus

הלין הו סגודא בעא:
etsii palvojat hän nämä

Vaan tulee hetki, ja nyt on, kun isää palvotaan totuuden mukaan, hengessä ja totuudessa, sillä tällaisia palvojia hän, Isä, etsii.

²⁴ רוחא הו גיר אלהא ואילין דסגדין לה ברוחא ובשררא
totuudessa ja hengessä häntä palvovat jotka ne ja Jumala sillä hän henki

ולא דנסגדון:
palvovat että täytyy

Sillä hän, Jumala, on henki, ja niiden, jotka häntä palvovat, täytyy palvoa hengessä ja totuudessa.

34

Luku 4

Johanneksen evankeliumi

²⁵ אמרא לה אנתתא הי ידעא אנא דמשיחא אתא
   tulee Messias että minä tiedän se vaimo hänelle sanoi

ומא דאתא הו מלף לן כלמדם:
  asia kaikki meille opettaa hän tulee että kun ja

Se vaimo sanoi hänelle, "minä tiedän, että Messias tulee, ja kun hän tulee, hän opettaa meille kaiken."

²⁶ אמר לה ישוע אנא אנא דממלל אנא עמכי:
   kanssasi minä puhun joka "minä olen" Jeshua hänelle sanoi

Jeshua sanoi hänelle, "minä, minä se olen, minä, joka puhun sinun kanssasi."

²⁷ וכד ממלל אתו תלמידוהי ומתדמרין הוו דעם אנתתא
  vaimo kanssa että olivat ihmeissään ja oppilaansa tulivat puhui kun ja

ממלל לא דין אנש אמר מנא בעא אנת או מנא ממלל
   puhut miksi tai sinä etsit mitä sanoi ihminen mutta ei puhui

אנת עמה:
 kanssaan sinä

Ja hänen puhuessaan tulivat hänen oppilaansa, ja ihmettelivät, että hän puhui vaimon kanssa, mutta kukaan ei sanonut, että "mitä haet" tai "miksi sinä hänen kanssaan puhut".

Midrash Tanchuma ilmoittaa, että juutalaisen, erityisesti opettajan, puhutellessa vierasta vaimoa, kahden tai kolmen todistajan on kysyttävä tuo kysymys, "miksi sinä hänen kanssaan puhut" – sanasta sanaan juuri noin.

²⁸ ושבקת קולתה אנתתא ואזלת למדינתא
   kaupungille meni ja vaimo ruukkunsa jätti ja

ואמרא לאנשא:
  ihmisille sanoi ja

Ja se vaimo jätti ruukkunsa ja meni kaupunkiin, ja sanoi ihmisille,

²⁹ תו חזו גברא דאמר לי כל מדם דעבדת
  tehnyt mitä asia kaikki minulle sanoi joka mies katsokaa tulkaa

למא הויו משיחא:
  Messias onko mitä

35

Luku 4

Johanneksen evankeliumi

"Tulkaa, katsokaa miestä, joka kertoi minulle kaiken, mitä olen tehnyt, onko hän se Messias?"

³⁰ ונפקו אנשא מן מדינתא ואתין הוו לותה:
    luokseen olivat tulivat ja kaupungista ihmiset lähtivät ja

Ja ihmiset lähtivät kaupungista ja tulivat hänen luokseen.

³¹ ובינת הלין בעין הוו מנה תלמידוהי
    oppilaansa hänestä olivat pyysivät nämä keskellä ja

ואמרין לה רבן לעס:
    syö rabbimme hänelle sanoivat ja

Ja näiden tapahtuessa hänen oppilaansa pyysivät häntä ja sanoivat hänelle, "rabbimme, syö".

La'as ei ole tavallista syömistä (*akel*) vaan ennemmin hidasta pureskelemista. Yleensä verbiä käytetään pääsiäislampaan yhteydessä.

³² הו דין אמר להון אית לי מאכולתא דאכול אידא
    sellainen syödä jota   ateria minulle on heille sanoi mutta hän

דאנתון לא ידעין אנתון:
    te tiedätte ette te jota

Mutta hän sanoi heille, "minulla on sellaista ateriaa syötävänä, jota te ette tunne".

³³ אמרין תלמידא ביניהון למא אנש איתי לה
    hänelle onko ihminen mitä keskenään oppilaat sanoivat

מדם למאכל:
    syötävälle asia

Oppilaat sanoivat keskenään, "mitä, onkohan joku tuonut hänelle jotain syötävää?"

³⁴ אמר להון ישוע מאכולתי דילי איתיה דאעבד צבינה
  tahtonsa teen että se minun syötäväni Jeshua heille sanoi

דמן דשדרני ואשלמיוהי לעבדה:
    työnsä loppuunsaatan ja lähettänyt joka kenen

Jeshua sanoi heille, "minun syötäväni on se, että minä teen hänen tahtonsa, joka on minut lähettänyt, ja saatan päätökseen hänen työnsä".

Johanneksen evankeliumi

Luku 4

³⁵ לָא אנתון אמרין דבתר ארבעא ירחין אתא חצדא הא
   katso sadonkorjuu tulee kuukaudet neljä jälkeen että sanotte te eikö .

אמר אנא לכון דאירמו עיניכון וחזו ארעתא דחור ומטי
   valmis ja vaalea joka pellot katsokaa ja silmänne kohottakaa että teille minä sanon

לחצדא מן כדו:
   tästä sadonkorjuulle

Ettekö te sano, että neljän kuukauden jälkeen tulee sadonkorjuu? Katso, minä sanon teille, että kohottakaa silmänne ja katsokaa peltoja, jotka ovat vaaleat, ja jo nyt valmiit sadonkorjuulle.

³⁶ ואינא דחצד אגרא נסב וכנש פארא לחיא דלעלם
   iankaikkinen elämälle hedelmä kokoaa ja saava palkka niittää joka sellainen ja .

וזרועא וחצודא אכחדא נחדון:
   iloitsevat yksi kuin niittäjä ja kylväjä ja

Ja sellainen, joka niittää, on saava palkan, ja hän kokoaa hedelmää iankaikkista elämää varten, ja kylväjä ja niittäjä saavat iloita yhtenä.

³⁷ בהדא גיר איתיה מלתא דשררא דאחרין הו זרע
   kylvää hän toinen että totuuden sana se sillä tässä .

ואחרין חצד:
   niittää toinen ja

Sillä tässä on se totuuden sana, että toinen kylvää ja toinen niittää.

³⁸ אנא שדרתכון למחצד מדם דלא הוא אנתון לאיתון
   raatamisille te olitte ettei asia sadonkorjuulle teidät lähettänyt minä .

בה אחרנא גיר לאיו ואנתון עלתון על עמלהון דהנון:
   heidän jotka vaivannäkönsä ylle sisään te ja raatanut sillä toiset siinä

Minä olen lähettänyt teidät korjaamaan satoa sellaisesta, mistä te ette ole tehneet työtä, sillä toiset ovat tehneet työn, ja te saatte astua sisään heidän vaivannäköönsä.

³⁹ מן הי מדינתא דין סגיאא הימנו בה שמריא מטל
   tähden Samaria hänessä uskoivat monet mutta kaupungista siitä .

מלתה דאנתתא הי דמסהדא הות דאמר לי כלמדם דעבדת:
   tein jota asia kaikki minulle sanoi joka hän todisti joka se vaimon sanansa

Luku 4

Johanneksen evankeliumi

Mutta monet siitä kaupungista uskoivat häneen, sen Samarian vaimon sanan tähden, joka todisti, että "hän on se, joka sanoi minulle kaiken, mitä tein".

40 וכד אתו לותה הנון שמריא בעו מנה דנהוא לותהון
    luonaan oleva että hänestä pyysivät Samaria nämä luokseen tulivat kun ja

והוא לותהון תרין יומין:
    päivät kaksi luonaan oli ja

Ja kun nämä samarialaiset tulivat hänen luokseen, he pyysivät häntä, että hän olisi heidän luonaan, ja hän olikin heidän luonaan, kaksi päivää.

41 וסגיאא הימנו בה מטל מלתה:
    sanansa tähden hänessä uskoivat monet ja

Ja monet uskoivat häneen sen hänen sanansa tähden.

42 ואמרין הוו לאנתתא הי דמכיל לא הוא מטל מלתכי
    sanasi tähden ole ei nyt että se vaimolle olivat sanoivat ja

מהימנין חנן בה חנן גיר שמען וידען דהנו שריראית
    todellakin tämä että tunnemme ja kuulleet sillä tämä hänessä tämä uskomme

משיחא מחינה דעלמא:
    maailman elävöittäjänsä Messias

Ja he sanoivat sille vaimolle, että "emme me usko tämän sinun sanasi tähden häneen, sillä me olemme kuulleet, ja me tunnemme, että tämä todellakin on se Messias, maailman elämän antaja".

43 ובתר תרין יומין נפק ישוע מן תמן ואזל לגלילא:
    Galilealle meni ja sieltä Jeshua poistui päivät kaksi jälkeen ja

Ja kahden päivän jälkeen Jeshua poistui sieltä, ja meni Galileaan.

44 הו גיר ישוע סהד דנביא במדינתה לא מתיקר:
    kunnioitettu ei kaupungissaan profeetta että todisti Jeshua sillä hän

Sillä hän, Jeshua, todisti, että profeetta ei ole kunnioitettu omassa kaupungissaan.

45 כד דין אתא לגלילא קבלוהי גליליא דחזו אתותא
    ne merkit näkivät että Galilea vastaanotti Galilealle tuli mutta kun

Johanneksen evankeliumi

Luku 4

כל דעבד באורשלם בעדעדא אתו הוו גיר
sillä olivat tulleet juhlassa Jerusalemissa teki jota kaikki

ואף הנון לעדעדא:
juhlalle he myös ja

Mutta kun hän tuli Galileaan, Galilea otti hänet vastaan, sillä he näkivät ne merkit, kaikki, joita hän teki Jerusalemissa siinä juhlassa, sillä hekin olivat tulleet sille juhlalle.

⁴⁶ אתא דין תוב ישוע לקטנא דגלילא איכא דעבד מיא
vesi teki jonka missä Galilean Katna'lle Jeshua taas mutta tuli

חמרא ואית הוא בכפרנחום עבד מלכא חד דברה כריה
sairaana poikansa jonka yksi kuningas palvelija Kapr-Nahum'ssa oli ja viini

הוא:
oli

Mutta Jeshua tuli taas Galilean Katnaan, missä hän oli tehnyt veden viiniksi, ja Kaper-Nahumissa oli yksi kuninkaan työntekijä, jonka poika oli sairaana.

⁴⁷ הנא שמע דאתא ישוע מן יהוד לגלילא ואזל לותה
luokseen meni ja Galilealle Jehud'sta Jeshua tuli että kuuli tämä

ובעא הוא מנה דנחות ונאסא לברה קריב הוא גיר
sillä oli lähellä pojalleen parantava ja tuleva että hänestä oli pyysi ja

לממת:
kuolemalle

Tämä kuuli, että Jeshua oli tullut Jehud'sta Galileaan, ja meni hänen luokseen ja pyysi häntä, että hän tulisi alas, ja parantaisi hänen poikansa, sillä hän oli lähellä kuolemaa.

⁴⁸ אמר לה ישוע אן אתותא ותדמרתא לא תחזון
näette ette ihmeet ja merkit jos Jeshua heille sanoi

לא תהימנון:
uskotte ette

Jeshua sanoi heille, "jos te ette näkisi ihmeitä ja merkkejä, ette te uskoisi!"

⁴⁹ אמר לה הו עבד מלכא מרי חות עדלא מאת
kuolee ei kunnes tule herrani kuningas palvelija hän hänelle sanoi

לה טליא:
poikalapsi sille

Luku 4

Johanneksen evankeliumi

Se kuninkaan palvelija sanoi hänelle, "minun Herrani, tule alas, ettei lapsi ehdi kuolla!"

⁵⁰ אמר לה ישוע זל ברך חי הו והימן הו גברא במלתא
          sanassa   mies   hän uskoi ja hän elää poikasi mene Jeshua hänelle sanoi

דאמר לה ישוע ואזל:
     meni ja Jeshua hänelle sanoi jonka

Jeshua sanoi hänelle, "mene, se sinun poikasi elää". Ja se mies uskoi sen sanan kautta, jonka Jeshua sanoi hänelle, ja hän meni.

⁵¹ כד דין נחת הוא ארעוהי עבדוהי וסברוהי ואמרין לה
      hänelle sanoivat ja toivottivat ja palvelijansa kohtasivat   oli tulossa mutta kun

ברך חיא:
   elää poikasi

Mutta kun hän oli tulossa alas, hänen työntekijänsä kohtasivat hänet, ja antoivat toivoa hänelle ja sanoivat hänelle, "sinun poikasi elää".

⁵² ושאל אנון באינא עדנא אתחלם אמרין לה אתמלי
       eilen hänelle sanoivat   parani   aika millaisessa heitä   kysyi ja

בשבע שעין שבקתה אשתא:
    kuume hänet jätti hetki seitsemännessä

Ja hän kysyi heiltä," mihin aikaan hän parani?" He sanoivat hänelle, "eilen, seitsemännellä hetkellä kuume jätti hänet".

⁵³ וידע אבוהי דבהי שעתא דבה אמר לה ישוע דברך
      poikasi että Jeshua hänelle sanoi siinä joka   hetki siinä että   isänsä tiesi ja

חיא והימן הו וביתה כלה:
  kaikkensa huoneensa ja hän uskoi ja   elää

Ja hänen isänsä tunsi, että juuri siinä hetkessä Jeshua sanoi hänelle, että "sinun poikasi elää", ja hän uskoi, ja koko hänen huonekuntansa.

Jakeessa on aramean vahvin painotus, siksi "juuri se hetki". *Jada* on sydämen tasolla tietämistä.

⁵⁴ הדא תוב אתא דתרתין עבד ישוע כד אתא
      tuli   kun Jeshua   teki toinen joka merkki taas   tämä

מן יהוד לגלילא:
    Galilealle Jehud'sta

Johanneksen evankeliumi

Tämä oli toinen merkki, jonka Jeshua teki, kun tuli Jehudista Galileaan.

5:1 בתר הלין הוא עדעדא דיהודיא וסלק ישוע לאורשלם:
    Jerusalemille Jeshua meni ja   Jehudian   juhla   oli nämä perässä .

Näiden jälkeen oli se juutalaisten juhla, ja Jeshua meni ylös Jerusalemiin.

²אית הוא דין תמן באורשלם דוכתא חדא דמעמודיתא
    kastepaikka   yksi   paikka   Jerusalemissa   siellä mutta oli *(akk.)* .

דמתקריא עבראית בית־חסדא ואית בה חמשא אסטוין:
    pylväskäytävät   viisi siinä oli   ja   Beit-Chesda hebrealaisittain kutsuttiin jota

Mutta siellä, Jerusalemissa, oli paikka, yksi kastepaikka, jota kutsuttiin hebreaksi "Beit-Chesda", ja siinä oli viisi pylväskäytävää.

Paikan nimi on kyllä aramea, määräinen muoto, "laupeuden talo". Jos nimi olisi hebreaa, se olisi *Beet-Ha-Chesed*. Ilman alefia lopussa. Chesed on armoa, johon sisältyy hyviä tekoja. Mutta tähän aikaan aramea usein kutsuttiin juutalaisessa kirjallisuudessa hebreaksi, ja raamatun hebrea oli "pyhä kieli", shon ha-kodesh. "Pyhäkön kieli". Pylväskäytävät varmistuivat vasta kesällä 2014 arkeologien toimesta, joten mainitsiko Johannes tämän meidän aikaamme varten erikseen?

³ובהלין רמין הוו עמא סגיאא דכריהא וסמיא וחגיסא
    rammat ja sokeat ja sairaat jotka   paljon kansaa oli makasivat näissä ja .

ויבישא ומסכין הוו לזועא דמיא:
    veden sekoitukselle olivat odottivat ja kuivettuneet ja

Ja näissä makasi paljon sellaista kansaa, jotka olivat sairaita ja sokeita, ja rampoja ja kuivettuneita, ja he odottivat sitä veden liikuttamista.

⁴מלאכא גיר בזבן זבן נחת הוא לה למעמודיתא ומזיע
    liikutti ja   kastepaikalle sille oli laskeutui aika ajassa sillä   enkeli .

הוא להון למיא ואינא דקדמיא נחת הוא מן בתר זועא
    liikuttaminen jälkeen –sta   oli laskeutui ensin joka sellainen ja vedelle heille   oli

דמיא מתחלם הוא כל כאבא אינא דאית הוא לה:
    hänelle oli   joka millainen sairaus kaikki oli   parantui   veden

Sillä enkeli laskeutui ajoittain siihen kastepaikkaan, ja liikutti heitä varten sitä vettä, ja sellainen, joka ensimmäisenä laskeutui sen liikuttamisen jälkeen veteen, parani kaikista sairauksista, mitä hänellä oli.

Luku 5

Johanneksen evankeliumi

⁵ אית הוא דין תמן גברא חד דתלתין ותמנא שנין
vuodet kahdeksan ja 30 joka yksi mies siellä mutta oli *(akk.)*

איתוהי הוא בכורהנא:
sairaudessa oli se

Mutta siellä oli yksi mies, joka oli ollut sairaudessaan 38 vuotta.

⁶ להנא חזא ישוע דרמא וידע דזבנא סגיאא אית לה
hänelle paljon aikaa että tiesi ja makasi joka Jeshua näki tämän

ואמר לה צבא אנת דתתחלם:
parantuva että sinä tahdot hänelle sanoi ja

Jeshua näki tämän, joka makasi, ja hän tiesi, että hän oli kauan aikaa ollut, ja hän sanoi hänelle, "tahdotko sinä, että parantuisit?"

⁷ ענא הו כריהא ואמר אין מרי לית לי דין אנש דמא
kuka kun ihminen mutta minulla ei ole herrani niin sanoi ja sairas hän vastasi

דאתתזיעו מיא נרמיני במעמודיתא אלא עד אנא אתא אנא
minä tulen minä kun vaan kastepaikassa minut nostava vesi liikutettu että

אחרין מן קדמי נחת:
laskeutui edestäni toinen

Se sairas vastasi ja sanoi, "niin, minun Herrani... minulla ei ole ketään, joka, kun vesi on liikutettu, nostaisi minut tuohon kastepaikkaan, vaan kun minä olen tulossa, toinen on laskeutunut sinne minua ennen."

⁸ אמר לה ישוע קום שקול ערסך והלך:
vaella ja vuoteesi kanna nouse Jeshua hänelle sanoi

Jeshua sanoi hänelle, "nouse, kanna vuoteesi ja kulje!"

⁹ ובר שעתה אתחלם גברא הו וקם שקל ערסה והלך והו הו
se hän ja kulki ja vuoteensa kantoi nousi ja hän mies parani hetkensä poika ja

יומא שבתא הות:
oli sapatti päivä

Ja siinä hetkessä se mies parani, ja hän nousi, kantoi vuoteensa ja kulki. Ja se päivä oli sapatti.

Johanneksen evankeliumi

¹⁰ וְאָמְרִין לַהּ יְהוּדָיֵא לְהוּ דְאִתְאַסִי שַׁבְּתָא הִי לָא שַׁלִיט לָךְ
ja sanoivat hänelle Jehudia hänelle joka parannettu sapatti se ei luvallista sinulle

דְתִשְׁקוֹל עַרְסָךְ:
että kantaa vuoteesi

Ja juutalaiset sanoivat hänelle, joka parantui, "on sapatti; sinulle ei ole luvallista, että kantaisit vuodettasi!"

¹¹ הוּ דֵין עֲנָא וֶאֱמַר לְהוֹן הוּ דְעַבְדַנִי חְלִימָא הוּ אֲמַר לִי
mutta hän vastasi ja sanoi heille hän joka teki minut terve hän sanoi minulle

דִשְׁקוֹל עַרְסָךְ וְהַלֵךְ:
että kanna vuoteesi ja kulje

Mutta hän vastasi ja sanoi heille, "hän, joka teki minut terveeksi, hän sanoi minulle, että kanna vuoteesi ja vaella".

¹² וְשַׁאֲלוּהִי מַנוּ הָנָא גַבְרָא דֶאֱמַר לָךְ דִשְׁקוֹל עַרְסָךְ וְהַלֵךְ:
ja kysyivät missä tämä mies joka sanoi sinulle että ota vuoteesi ja kulje

Ja he kysyivät häneltä, "missä on tämä mies, joka sanoi sinulle, että kanna vuoteesi ja vaella?"

¹³ הוּ דֵין דְאִתְאַסִי לָא יָדַע הוּא מַנוּ יֵשׁוּעַ גֵיר אִתְגְנִי הוּא לָהּ
mutta hän joka parantunut ei ollut tiennyt kuka oli Jeshua sillä oli vetäytynyt hänelle

בְּכֶנְשָׁא סַגִיאָא דְאִית הוּא בְדוּכְתָא הִי:
kansassa paljon joka oli paikassa se

Mutta hän, joka oli parantunut, ei tiennyt, kuka Jeshua oli, sillä hän oli vetäytynyt sieltä pois, koska siinä paikassa oli paljon kansaa.

¹⁴ בָּתַר זְבַן אַשְׁכְּחֵהּ יֵשׁוּעַ בְּהֵיכְלָא וֶאֱמַר לָהּ הָא חְלִים אַנְתְּ
ajan jälkeen löysi hänet Jeshua pyhäkössä ja sanoi hänelle katso terve sinä

תוּב לָא תֶחְטֵא דְלָמָא נֶהְוֵא לָךְ מֶדֶם דְבִישׁ מִן קַדְמָיָא:
taas älä tee syntiä ettei oleva sinulle asia pahempaa ensimmäisestä

Jonkin ajan jälkeen hän löysi Jeshuan temppelissä, ja hän sanoi hänelle, "katso, sinä olet terve. Älä enää tee syntiä, ettei sinulle tapahtuisi siitä entisestä pahempaa."

¹⁵ וְאֶזַל הוּ גַבְרָא וֶאֱמַר לִיהוּדָיֵא דְיֵשׁוּעַ הוּ הוּ דְאַחְלְמֵהּ:
ja meni hän mies ja sanoi Jehudia'lle että Jeshua se hän joka tervehdyttänyt

Luku 5

Johanneksen evankeliumi

Ja se mies meni ja sanoi juutalaisille, että Jeshua oli se, joka oli tehnyt hänet terveeksi.

¹⁶ ומטל הדא רדפין הוו יהודיא לישוע ובעין הוו למקטלה
    hänet tappamaan olivat etsivät ja Jeshualle Jehudia olivat vainosivat tämä tähden ja .

דהלין עבד הוא בשבתא:
    sapatissa oli teki nämä että

Ja tämän tähden juutalaiset vainosivat Jeshuaa, ja etsivät hänen tappamistaan, kun hän näitä teki sapattina.

¹⁷ הו דין ישוע אמר להון אבי עדמא להשא עבד
    tekee tälle saakka isäni heille sanoi Jeshua mutta hän .

אף אנא עבד אנא:
    minä teen minä myös

Mutta Jeshua sanoi heille, "minun isäni tekee nytkin työtä, myös minä teen".

¹⁸ ומטל הדא יתיראית בעין הוו יהודיא למקטלה לא בלחוד
    ainoastaan ei hänet tappaakseen Jehudia olivat etsivät erityisesti tämä tähden ja .

דשרא הוא שבתא אלא אף דעל אלהא דאבוהי איתוהי אמר
    sanoi on se isänsä että Jumala ylle kun myös vaan sapatti on vapautti että

הוא ומשוא הוא נפשה עם אלהא:
    Jumala kanssa sielunsa on yhtäläinen ja on

Ja erityisesti tämän tähden juutalaiset etsivät häntä tappaakseen, ei ainoastaan, että hän vapautti sapatin, vaan että sanoi myös Jumalan olevan hänen isänsä, ja oleva yhtäläinen sielussaan Jumalan kanssa.

¹⁹ ענא דין ישוע ואמר להון אמין אמין אמר אנא לכון דלא
    ettei teille minä sanon amen amen heille sanoi ja Jeshua mutta vastasi .

משכח ברא עבד מדם מן צבות נפשה אלא מדם דחזא לאבא
    isälle näkee jota asia vaan sielunsa tahdosta asia tekee poika pysty

דעבד אילין גיר דאבא עבד הלין אף ברא אכותה עבד:
    tekee hän kuin poika myös nämä tekee isä että sillä ne tekee jota

Mutta Jeshua vastasi ja sanoi heille, "amen, amen, minä sanon teille, ettei poika tee mitään oman sielunsa tahdosta, vaan sellaista, mitä näkee isän tekevän, sillä mitä isä tekee, sellaista poikakin tekee."

²⁰ אבא גיר רחם לברה וכלמדם דעבד מחוא לה ודיתירין
    erityisemmät että ja hänelle oleva tekee joka asia kaikki ja pojalleen rakastaa sillä isä .

Johanneksen evankeliumi

Luku 5

מן הלין עבדא מחוא לה דאנתון תתדמרון:
näistä teot oleva hänelle että te hämmästyisitte

Sillä isä rakastaa poikaa, ja kaikki, mitä hän tekee, on oleva häntä varten, ja näistä rikkaampia tekoja on hänelle oleva, että te hämmästyisitte.

²¹ איכנא גיר דאבא מקים מיתא ומחא להון הכנא אף ברא
samoin sillä että isä nostaa kuolleet ja elävöittää heille siten myös poika
לאילין דצבא מחא:
niille jotka tahtoo elävöittää

Sillä samoin kuin isä nostaa kuolleita, ja tekee heidät eläväksi, siten poikakin tekee eläväksi ne, jotka hän tahtoo.

²² לא הוא גיר אבא דאן לאנש אלא כלה דינא יהבה לברא:
ei ole sillä isä tuomitse ihmiselle vaan kaiken tuomio antanut pojalle

Sillä ei isä tuomitse ketään, vaan hän on antanut kaiken tuomion pojalle.

²³ דכלנש ניקר לברא איך דמיקר לאבא הו דלא מיקר לברא
että jokainen kunnioittava pojalle kuin joka kunnioittaa isälle hän joka ei kunnioita pojalle
לא מיקר לאבא דשדרה:
ei kunnioita isälle joka lähetti hänet

Että jokainen kunnioittaisi poikaa niin kuin Isää kunnioitetaan. Joka ei kunnioita poikaa, ei kunnioita isää, joka hänet lähetti.

²⁴ אמין אמין אמר אנא לכון דמן דשמע מלתי ומהימן
amen amen sanon minä teille että joka kuulee sanani ja uskoo
למן דשדרני אית לה חיא דלעלם ולדינא לא אתא אלא
häneen joka lähetti minut on hänelle elämä iankaikkinen ja tuomiolle ei tule vaan
שני לה מן מותא לחיא:
siirtyy hänelle kuolemasta elämälle

Amen, amen, minä sanon teille, että joka kuulee minun sanani ja uskoo häneen, joka on minut lähettänyt, hänelle on iankaikkinen elämä, eikä hän tule sille tuomiolle, vaan hän siirtyy kuolemasta elämään.

²⁵ אמין אמין אמר אנא לכון דאתיא שעתא אף השא איתיה
amen amen sanon minä teille että tulee hetki myös nyt se

Luku 5

Johanneksen evankeliumi

אָמְתִּי דְמִיתָא נֶשְׁמְעוּן קָלֵהּ דָּבְרֵהּ דַּאלָהָא וְהָנוּן דְּשָׁמְעִין נֵחוֹן:
elävät kuulevat jotka nämä ja Jumalan pojan äänensä kuulevat kuolleet kun sellainen

Amen, amen, minä sanon teille, että tulee hetki – myös nyt on sellainen – kun kuolleet tulevat kuulemaan Jumalan pojan äänen, ja nämä, jotka kuulevat, he saavat elää.

²⁶ אַיכַנָא גֵּיר דְּלַאבָא אִית חַיֵּא בַּקנוּמֵהּ הָכַנָא יַהב אָף לַברָא
    pojalle myös antoi siten olemuksessaan elämä on isälle että sillä samoin .

דְּנֵהווֹן חַיֵּא בַּקנוּמֵהּ:
olemuksessaan elämä olisivat että

Sillä samoin kuin isällä on elämä hänen olemuksessaan, siten hän antoi myös pojalle, että hänen olemuksessaan olisi elämä.

²⁷ וְאַשׁלְטֵהּ דְּנֵהוֵא עָבֵד אָף דִּינָא:
   tuomio myös tekee oleva että hänet valtuuttanut ja .

Ja hän on antanut hänelle vallan, että hän on tuleva myös tuomitsemaan.

²⁸ דָּבְרֵהּ הוּ דִּין דְּאנָשָׁא לָא תֵּתדַּמרוּן בְּהָדֵא דְּאָתיָא שָׁעתָא
   hetki tulee että tässä ihmetelkö älkää ihmisen mutta hän poikansa että .

אָמְתִּי דְכֻלהוֹן אַילֵין דְּבַקבָרָא אֵנוּן נֵשׁמְעוּן קָלֵהּ:
äänensä kuulevat heidät haudoissa jotka ne ne kaikki että sellainen

Mutta, että hän on se Ihmisen Poika, sitä älkää ihmetelkö. Sillä tulee sellainen hetki, että kaikki ne, jotka ovat haudoissa, tulevat kuulemaan hänen äänensä.

²⁹ וְנֵפּקוּן אַילֵין דַּעבַדו טָבָתָא לַקיָמתָּא דְּחַיֵּא וְאַילֵין דַּעבַדו
   tehneet jotka ne ja elämän nousemukselle hyvät tehneet jotka ne esiin tulevat ja .

בִּישָׁתָא לַקיָמתָּא דְּדִינָא:
tuomion nousemiselle pahat

Ja tulevat ne, jotka ovat tehneet hyvää, elämän ylösnousemukselle, ja ne, jotka ovat tehneet pahaa, tuomion ylösnousemukselle.

³⁰ לָא מֵשׁכַּח אנָא מֵדֵּם מִן צְבוּת נַפשׁי לְמֵעבַּד אֵלָא אַיכַנָא
   samoin vaan tekemään sieluni tahdosta asia minä pysty en .

דְּשָׁמַע אנָא דָּאֵן אנָא וְדִיני כָּאִין הוּ לָא גֵּיר בָּעֵא אנָא צֵביָני
tahtoni minä etsi sillä en hän oikea tuomioni ja minä tuomitsen minä kuulen jota

אֵלָא צֵביָנֵהּ דְּמַן דְּשַׁדּרַני:
vaan tahtonsa hänen joka lähetti minut

Luku 5

Johanneksen evankeliumi

En minä voi mitään tehdä oman sieluni tahdosta, vaan samoin, kuin minä kuulen, minä tuomitsen, ja se minun tuomioni on oikea, sillä en minä etsi omaa tahtoani, vaan hänen tahtoaan, joka minut lähetti.

³¹ אן אנא מסהד אנא על נפשי סהדותי לא הות שרירא:
    totuutta ole ei todistukseni sieluni ylle minä todistan minä jos .

Jos minä todistan omasta sielustani, minun todistukseni ei ole totuus.

³² אחרין הו הו דמסהד עלי וידע אנא דשרירא הי סהדותה
    todistuksensa se totuus että minä tiedän ja ylleni todistaa joka se hän toinen .
דמסהד עלי:
ylleni todistaa joka

On toinen, hän, joka todistaa minusta, ja minä tunnen, että hänen todistuksensa, joka minusta todistaa, se on totuus.

³³ אנתון שדרתון לות יוחנן ואסהד על שררא:
    totuus ylle todisti ja Johannan luokse lähetitte te .

Tehän lähetitte Johannan'n luokse, ja hän todisti siitä totuudesta.

³⁴ אנא דין לא הוא מן ברנשא נסב אנא סהדותא אלא הלין
    nämä vaan todistus minä ottava ihmisistä ole en mutta minä .
אמר אנא דאנתון תחון:
eläisitte te että minä sanon

Mutta minä en tule ottamaan todistusta ihmisiltä, vaan minä sanon nämä, että te eläisitte.

³⁵ הו שרגא הוא דדלק ומנהר ואנתון צביתון דתשתבהרון
    kerskailla että tahdoitte te ja loistaa ja paloi joka oli soihtu hän .
דשעתא בנוהרה:
valkeudessaan hetken

Hän oli soihtu, joka palaa ja loistaa, ja te tahdoitte, että saisitte hetken kerskailla hänen valkeudessaan.

³⁶ לי דין אית לי סהדותא דרבא מן דיוחנן עבדא גיר דיהב לי
    minulle antoi joka sillä teot Johannan'sta suurempi todistus minulle on mutta minulle

Luku 5

Johanneksen evankeliumi

אבי דאשלם אנון הנון עבדא דעבד אנא סהדין עלי דאבא
isä että minusta todistavat minä tein jota teot nämä ne päätän että isäni

שלחני:
minut lähetti

Mutta minulla on suurempi todistus kuin Johannan'n, sillä ne teot, jotka minun isäni antoi minulle, että ne täyttäisin – nämä tekemäni teot todistavat minusta, että isä lähetti minut.

37
ואבא דשלחני הו סהד עלי לא קלה ממתום שמעתון
kuulleet milloinkaan ääntään ette minusta todistaa hän minut lähetti joka   isä ja

ולא חזוה חזיתון:
nähneet ulkonäköään ettekä

Ja isä, joka lähetti minut, hän todistaa minusta. Te ette ole koskaan kuulleet hänen ääntään, ettekä nähneet hänen ulkonäköään.

38
ומלתה לא מקויא בכון מטל דבהו דהו שדר אנתון
te lähetti hän jonka hänessä että   koska   teissä   pysy eivät sanansa ja

לא מהימנין אנתון:
te   uskotte ette

Ja hänen sanansa eivät pysy teissä, koska te ette usko häneen, jonka hän lähetti.

Pysyminen on tässä sitä, kun vesi kerääntyy yhteen paikkaan ja jää siihen. Mikve-yhteydellä, puhdistukseksi.

39
בצו כתבא דבהון מסברין אנתון דחיא דלעלם אית לכון
teille on iankaikkinen elämä että   te toivotte niissä sillä kirjoitukset tutkikaa

והנון סהדין עלי:
minusta todistavat   ne ja

Tutkikaa kirjoituksia, sillä te toivotte, että teille olisi niiden kautta se iankaikkinen elämä, ja ne todistavat minusta.

40
ולא צבין אנתון דתאתון לותי דחיא דלעלם נהוון לכון:
teille olisivat iankaikkinen elämä että luokseni tulisitte että   te tahdo ettekä

Ettekä te tahdo tulla minun luokseni, että teille olisi se iankaikkinen elämä.

Johanneksen evankeliumi

Luku 5

⁴¹ שובחא מן בני אנשא לא נסב אנא:
minä ottava en ihmiset lapsista kunniaa

Minä en tule ottamaan kunniaa ihmislapsilta.

⁴² אלא ידעתכון דחובה דאלהא לית בכון:
teissä ei ole Jumalan rakkauttaan että teidät tunnen vaan

Vaan minä tunnen teidät, ettei teissä ole Jumalan rakkautta.

⁴³ אנא אתית בשמה דאבי ולא מקבלין אנתון לי ואן אחרין
toinen jos ja minulle te hyväksy ettekä isäni nimessä tullut minä
נאתא בשם נפשה להו תקבלון:
hyväksyisitte hänelle sielunsa nimessä tuleva

Minä olen tullut minun isäni nimessä, ettekä te ota minua vastaan, ja jos tulisi toinen oman sielunsa nimessä, hänet te ottaisitte vastaan.

⁴⁴ איכנא משכחין אנתון למהימנו דשובחא חד מן חד
yhdestä yksi kunniaa jotka uskomaan te pystytte kuinka
מקבלין אנתון ושובחא דמן חד אלהא לא בעין אנתון:
te etsitte ette Jumala yhdestä kunniaa ja te hyväksytte

Kuinka te voitte uskoa, jotka otatte vastaan kunniaa toinen toiseltanne, ettekä hänestä yhdestä, Jumalasta, etsi kunniaa?

⁴⁵ למא סברין אנתון דאנא אכל אנא קרציכון קדם אבא
isä edessä syytä minä (syytä) minä että te toivotteko mitä
איתוהי מן דאכל קרציכון מושא הו דבה סברתון:
toivotte hänessä joka hän Moshe "syyttäjänne" joka se

Mitä, toivotteko te, että minä syytän teitä isän edessä? Se, joka on teidän syyttäjänne siellä, on Moshe, hän, jonka kautta te toivotte.

⁴⁶ אלו גיר במושא הימנתון אף בי מהימנין הויתון מושא
Moshe olisitte uskotte minussa myös uskotte Moshe'ssa sillä jos
גיר עלי כתב:
kirjoitti minusta sillä

Sillä jos te Moshe'n kautta uskotte, te uskoisitte myös minua, sillä minusta hän kirjoitti.

Luku 5

Johanneksen evankeliumi

⁴⁷ ואן לכתבוהי דהו לא מהימנין אנתון איכנא למלי
    sanoilleni   kuinka   te   uskotte ette hänen kirjoituksiaan jos ja

דילי תהימנון:
uskoisitte minun

Ja jos te ette usko hänen kirjoituksiaan, kuinka te uskoisitte minun puhettani?

Luku 6

Johanneksen evankeliumi

6:1 בתר הלין אזל ישוע לעברא דימא דגלילא דטבריוס:
Tiberias joka   Galilean meren toiselle puolelle Jeshua   meni   nämä   jälkeen   .

Näiden jälkeen Jeshua meni sen Galilean järven toiselle puolelle, jossa on Tiberias.

² ואזלו בתרה כנשא סגיאא מטל דחזין הוו אתותא
merkit olivat näkivät että   koska   paljon   kansaa perässään menivät ja   .

דעבד בכריהא:
sairaissa teki jota

Ja hänen perässään meni paljon kansaa, koska he näkivät ne merkit, joita hän teki sairaiden kautta.

³ וסלק ישוע לטורא ותמן יתב הוא עם תלמידוהי:
oppilaansa kanssa   oli   istui siellä ja   vuorelle   Jeshua   nousi ja   .

Ja Jeshua nousi vuorelle, ja istui siellä oppilaidensa kanssa.

⁴ קריב הוא דין עדעדא דפצחא דיהודיא:
Jehudia'n pääsiäinen joka   juhla   mutta   oli lähellä   .

Mutta se juhla oli lähellä, joka oli juutalaisten pääsiäinen.

⁵ וארים עינוהי ישוע וחזא כנשא סגיאא דאתא לותה
luokseen   tuli että   paljon   kansaa   näki ja   Jeshua silmänsä ylös nosti ja   .

ואמר לפיליפוס אימכא נזבן לחמא דנאכלון הלין:
nämä   söisivät että leipää ostaisimme   kuinka   Filippos'lle sanoi ja   .

Ja Jeshua kohotti silmänsä ja näki paljon kansaa tulevan hänen luokseen, ja hän sanoi Filippukselle, "kuinka ostaisimme leipää, että nämä saisivat syödä?"

⁶ הדא דין אמר כד מנסא לה הו גיר ידע הוא
oli   tiesi sillä hän hänelle   kokeili kun   sanoi mutta   tämä   .

מנא עתיד למעבד:
tekemään   tuleva   mitä

Mutta tämän hän sanoi koetellen häntä, sillä hän tiesi, mitä oli tuleva tekemään.

⁷ אמר לה פיליפוס דמאתין דינרין לחמא לא ספק
tarpeeksi ei   leivät   dinarit kahdensadan   Filippos hänelle sanoi   .

Luku 6

Johanneksen evankeliumi

לְהוֹן כַּד קְלִיל קְלִיל חַד חַד מֶנְהוֹן נְסַב:

saava heistä yksi yksi vähän vähän kun heille

Filippus sanoi hänelle, "ei kahdensadan dinarin leivissä ole heille tarpeeksi, vaikka saisivat niistä jokainen vähän."

⁸ אָמַר לֵהּ חַד מִן תַּלְמִידוֹהִי אַנְדְּרֵאוֹס אַחוּהִי דְּשֶׁמְעוֹן כֵּאפָא:

Keefa Shimeon'n veljensä Andreos oppilaistaan yksi hänelle sanoi

Yksi hänen oppilaistaan, Andreos, Shimeon Keefa'n veli, sanoi hänelle;

⁹ אִית תְּנָן טַלְיָא חַד דְּאִית עֲלוֹהִי חַמֵּשׁ גְּרִיצָן דִּסְעָרֵא

vehnäleivän palat viisi yllään on jolla yksi poika siellä on

וְתַרֵין נוּנִין אֶלָּא הָלֵין מָנָא אֶנוּן לְהָלֵין כֻּלְּהוֹן:

he kaikki näille heidät mitä nämä vaan kalat kaksi ja

Siellä on yksi poika, jolla on viisi palaa leipää ja kaksi kalaa, vaan mitä nämä ovat heille kaikille?

¹⁰ אָמַר לְהוֹן יֵשׁוּעַ עֲבֵדוּ אֲנָשָׁא כֻּלְּהוֹן דְּנֶסְתַּמְכוּן עִסְבָּא

ruoho istuisivat että he kaikki ihmiset tehkää Jeshua heille sanoi

דֵּין סַגִּי הֲוָא בָּהּ בְּדוּכְתָא הִי וְאֶסְתְּמֶכוּ גַּבְרֵא

miehet istuutuneina ja se paikassa siinä oli paljon mutta

בְּמִנְיָנָא חַמְשָׁא אַלְפִין:

tuhat viisi lukumäärässä

Jeshua sanoi heille, "laittakaa kaikki ihmiset istumaan". Mutta siinä paikassa oli paljon ruohoa, ja niiden istuutuneiden miesten lukumäärä oli viisi tuhatta.

¹¹ וּשְׁקַל יֵשׁוּעַ לַחְמָא וּבָרֵךְ וּפַלֵּג לְהָנוּן דִּסְמִיכִין וְהָכְנָא

samoin ja istuivat jotka heille jakoi ja siunasi ja leivät Jeshua otti ja

אָף מִן נוּנָא כְּמָא דִּצְבוֹ:

tahtoivat että montako kaloista myös

Ja Jeshua otti ne leivät ja siunasi ja jakoi heille, jotka istuivat, ja samoin kaloistakin, niin monta kuin he tahtoivat.

¹² וְכַד סְבַעוּ אָמַר לְתַלְמִידוֹהִי כַּנֵּשׁוּ קְצָיָא דְּיַתִּירוּ

jäljellä jotka tähteet kootkaa oppilaille sanoi täytetyt kun ja

Luku 6

Johanneksen evankeliumi

דלא נאבד מדם:
asia   menettävä   ettei

Ja kun he olivat täynnä, hän sanoi oppilailleen, "kootkaa ne tähteet, jotka ovat jäljellä, ettei mitään kadotettaisi."

Täytetty sanana kun joku "pyyntö on täyttynyt".

¹³ וכנשו ומלו תרעסר קופינין קציא אילין דיתרו להנון דאכל
syöneet että näille jäljellä jotka   ne   tähteet   korit   12 täyttivät ja kokosivat ja

מן חמשא לחמין דסערא:
vehnäleivän   leivät   viidestä

Ja he kokosivat ja täyttivät tähteistä kaksitoista korillista, niitä jotka jäivät jäljelle, kun he olivat syöneet niistä viidestä leivästä.

¹⁴ הנון דין אנשא דחזו אתא דעבד ישוע אמרין הוו שריראית
todellakin olivat sanoivat Jeshua teki jota merkki näkivät jotka ihmiset mutta nämä

הנו נביא דאתא לעלמא:
maailmalle tulee joka profeetta tämä

Mutta nämä ihmiset, jotka näkivät sen merkin, jonka Jeshua teki, sanoivat, "todellakin, tämä on se profeetta, joka tulee maailmaan."

¹⁵ ישוע דין ידע דעתידין דנאתון נחטפוניהי ונעבדוניהי מלכא
kuningas   hänet tekevä ja   kiinniottava saapuvat että tulevat jotka   tiesi mutta Jeshua

ושני לה לטורא הו בלחודוהי:
yksinään   hän vuorelle hänelle vetäytyi ja

Mutta Jeshua tiesi, että he ovat tulossa ottamaan hänet kiinni ja tekemään hänet kuninkaaksi, ja hän vetäytyi vuorelle, hän yksinään.

¹⁶ וכד הוא רמשא נחתו תלמידוהי לימא:
merelle   oppilaansa laskeutuivat   ilta   oli kun ja

Ja kun oli ilta, hänen oppilaansa laskeutuivat merelle.

¹⁷ ויתבו בספינתא ואתין הוו לעברא לכפרנחום וחשכת
pimeni ja Kaper-Nahum'lle toiselle puolelle olivat tulivat ja   veneessä istuivat ja

הות לה ולא אתי הוא לותהון ישוע:
Jeshua heidän luokseen   oli   tuli ettei hänelle   oli

Ja he istuivat veneessä, ja tulivat toiselle puolelle, Kapr-Nahumille, ja oli pimeää, eikä Jeshua ollut tullut heidän luokseen.

¹⁸ ימא דין אזדקף הוא עליהון מטל דרוחא רבתא
             valtava tuuli että koska heidän ylleen oli nousi mutta meri

נשבת הות:
oli puhalsi

Mutta meri nousi heitä vastaan, koska valtava tuuli oli puhaltamassa.

¹⁹ ודברו איך אסטדותא עסרין וחמשא או תלתין וחזו לישוע
   Jeshuan näkivät ja 30 tai viisi ja 20 vakomittaa kuin johdattivat ja

כד מהלך על ימתא וכד קרב לות ספינתהון דחלו:
pelkäsivät heidän veneensä luokse lähestyi kun ja meri yllä kulki kun

Ja he menivät noin kaksikymmentäviisi tai kolmekymmentä vakomittaa, ja he näkivät Jeshuan, kun hän kulki meren päällä, ja kun hän tuli heidän veneensä lähelle, he pelkäsivät.

²⁰ הו דין ישוע אמר להון אנא אנא לא תדחלון:
pelätkö älkää minä minä heille sanoi Jeshua mutta hän

Mutta hän, Jeshua, sanoi heille, "minä, minä olen, älkää pelätkö!"

²¹ וצבו הוו דנקבלוניהי בספינתא ובה בשעתא ספינתא
vene hetkessä siinä ja veneessä hänet ottaa vastaan että olivat tahtoivat ja

הי הות לות ארעא הי דאזלין הוו לה:
sille olivat menivät joka se maa luona oli se

Ja he tahtoivat ottaa hänet vastaan veneeseen, ja sillä hetkellä se vene oli sen maan luona, johon he olivat menossakin.

²² וליומא דבתרה הו כנשא דקאם הוא בעברא דימא חזו
näkivät meren toisella puolella oli seisoi että kansaa se perässään joka päivälle ja

דספינתא אחרתא לית הוא תמן אלא אן הי דסלקו לה
sille nousivat johon se jos vaan siellä oli ei ole toisenlainen vene joka

תלמידא ודלא על הוא עמהון ישוע עם תלמידוהי לספינתא:
veneelle oppilaansa kanssa Jeshua heidän kanssaan oli sisään ettei ja oppilaat

Luku 6

Johanneksen evankeliumi

Ja seuraavana päivänä se kansa, joka seisoi meren toisella puolella, näki, ettei siellä ollut toista venettä, paitsi se, johon ne oppilaat nousivat, ja ettei Jeshua ollut mennyt heidän kanssaan veneeseen.

²³ אתי הוי דין אלפא אחרניתא מן טבריוס על גנב דוכתא

    paikka sivu ylle Tiberias'n toiset alukset mutta olivat tulleet

הי דאכלו בה לחמא כד ברך ישוע:

  Jeshua siunasi kun leivän siinä söivät jotka se

Mutta toisia aluksia oli tullut Tiberiaan rannikolle, siihen paikkaan, jossa he söivät ne leivät, kun Jeshua siunasi.

²⁴ וכד חזא הו כנשא דלא הוא תמן ישוע אפלא תלמידוהי

  oppilaansa eikä myös Jeshua siellä oli ettei kansanjoukko se näki kun ja

סלקו להלין אלפא ואתו לכפרנחום ובעין הוו לה לישוע:

 Jeshualle hänelle olivat etsivät ja Kaper-Nahum'lle tulivat ja alukset näille nousivat

Ja kun se kansajoukko näki, ettei Jeshua ollut siellä, eivätkä hänen oppilaansakaan, he nousivat näihin aluksiin, ja he tulivat Kaper-Nachumiin, ja olivat etsimässä Jeshuaa.

²⁵ וכד אשכחוהי בעברא דימא אמרין לה רבן אמתי אתית

tullut milloin rabbimme hänelle sanoivat meren toisessa puolessa hänet havaitsivat kun ja

להרכא:

  tähän paikkaan

Ja kun he löysivät hänet meren toiselta puolelta, he sanoivat hänelle, "meidän rabbimme, milloin sinä olet tullut tähän paikkaan?"

²⁶ ענא ישוע ואמר להון אמין אמין אמר אנא לכון דבעין

 etsitte että teille minä sanon amen amen heille sanoi ja Jeshua vastasi

אנתון לי לא הוא מטל דחזיתון אתותא אלא דאכלתון

 söitte koska vaan merkit näitte että koska ollut ei minulle te

לחמא וסבעתון:

  ravitut ja leipää

Jeshua vastasi ja sanoi heille, "amen, amen, minä sanon teille, että te olitte etsimässä minua, ei siksi, että näitte ne merkit, vaan koska te söitte sitä leipää ja tulitte ravituiksi."

²⁷ לא תפלחון מאכולתא דאבדא אלא מאכולתא דמקויא

 kestää joka syötävää vaan katoavaa joka syötävää palvelko älkää

Luku 6

Johanneksen evankeliumi

לחיא דלעלם אידא דברה דאנשא נתל לכון להנא גיר
sillä tämän teille antava ihmisen poikansa jota sellainen iankaikkinen elämälle

אבא חתם אלהא:
Jumala sinetöinyt isä

Älkää palvelko syötävää, joka on katoavaa, vaan sitä syötävää, joka pysyy iankaikkista elämää varten, sellaista, jota Ihmisen Poika on teille antava, sillä tämän on isä Jumala sinetöinyt.

Chattam on "lukita siunaus muuttumattomaksi", sinetöidä tai allekirjoittaa.

²⁸ אמרין לה מנא נעבד דנפלוח עבדא דאלהא:
Jumalan teot palvelisimme että tekevä mitä hänelle sanoivat

He sanoivat hänelle, "mitä meidän tulee tehdä, että papillinen palvelemisemme olisi Jumalan tekoja?"

²⁹ ענא ישוע ואמר להון הנו עבדא דאלהא דתהימנון
uskotte että Jumalan teko tämä heille sanoi ja Jeshua vastasi

במן דהו שדר:
lähetti hän joka kenessä

Jeshua vastasi ja sanoi heille, "tämä on se Jumalan teko, että te uskotte häneen, jonka hän lähetti."

³⁰ אמרין לה מנא אתא עבד אנת דנחזא ונהימן בך
sinussa uskoisimme ja näkisimme että sinä teet merkki mikä hänelle sanoivat

מנא סער אנת:
sinä harjoitat mikä

He sanoivat hänelle, "minkä merkin sinä teet, että me näkisimme, ja uskoisimme sinuun? Mitä teet?"

³¹ אבהין מנא אכלו במדברא איכנא דכתיב דלחמא
leipää että kirjoitettu että kuten erämaassa söivät manna isämme

מן שמיא יהב להון למאכל:
syötävälle heille antoi taivaista

Meidän isämme söivät mannaa erämaassa, niin kuin kirjoitettu on, että "hän antoi heille syötäväksi leipää taivaista."

Johanneksen evankeliumi

Luku 6

³² אמר להון ישוע אמין אמין אמר אנא לכון דלא הוא מושא
Moshe oli ettei teille minä sanon amen amen Jeshua heille sanoi

יהב לכון לחמא מן שמיא אלא אבי יהב לכון לחמא דקושתא
totuuden leipää teille antoi isäni vaan taivaista leipää teille antoi

מן שמיא:
taivaista

Jeshua sanoi heille, "amen, amen, minä sanon teille, ettei Moshe antanut teille sitä leipää taivaista, vaan minun isäni antoi teille sitä totuuden leipää taivaista."

³³ לחמה גיר דאלהא איתוהי הו דנחת מן שמיא
taivaista laskeutui joka hän on *(akk.)* Jumalan sillä leipänsä

ויהב חיא לעלמא:
maailmalle elämä antoi ja

Sillä Jumalan leipä on hän, joka laskeutui taivaista, ja antoi elämän maailmalle.

³⁴ אמרין לה מרן בכלזבן הב לן לחמא הנא:
tämä leipä meille anna ajat kaikki herramme hänelle sanoivat

He sanoivat hänelle, "meidän Herramme, annatko meille koko ajan tätä leipää?"

³⁵ אמר להון ישוע אנא אנא לחמא דחיא מן דאתא לותי
luokseni tulee joka elämän leipä minä minä Jeshua heille sanoi

לא נכפן ומן דמהימן בי לא נצהא לעלם:
ikuisuudelle janoava ei minussa uskoo joka ja nälkää ei

Jeshua sanoi heille, "minä, minä olen se elämän leipä. Joka tulee minun luokseni, ei ole nälkäinen, ja joka uskoo minuun, ei janoa, iankaikkisesti."

³⁶ אלא אמרת לכון דחזיתונני ולא מהימנין אנתון:
te uskoneet ettekä minut näitte että teille sanonut vaan

Vaan minä olen sanonut teille, että te näitte minut, ettekä uskoneet.

³⁷ כל דיהב לי אבי לותי נאתא ומן דלותי נאתא
tuleva luokseni joka ja tuleva luokseni isäni minulle antaa jotka kaikki

לא אפקה לבר:
ulkopuoli hänet heitän ei

Luku 6

Johanneksen evankeliumi

Jokainen, jonka minun isäni on antanut minulle, on minun luokseni tuleva, ja joka tulee minun luokseni, häntä minä en heitä ulkopuolelle.

³⁸ דנחתת מן שמיא לא הוא דאעבד צביני אלא דאעבד

teen että vaan tahtoni teen että ole ei taivaista tulin että

צבינה דמן דשדרני:

minut lähetti joka kenen tahtonsa

En minä ole tullut taivaista, että teen minun tahtoni, vaan että teen hänen tahtonsa, joka minut lähetti.

³⁹ הנו דין צבינה דמן דשדרני דכל דיהב לי לא אובד מנה

hänestä tuhoudu ei minulle antaa joka kaikki että minut lähetti joka tahtonsa mutta tämä

אלא אקימיוהי ביומא אחריא:

viimeinen päivässä hänet nostan vaan

Mutta tämä on hänen tahtonsa, joka minut lähetti, että kaikki, jotka hän antoi minulle, eivät tuhoudu, vaan minä nostan hänet siinä viimeisessä päivässä.

Tuhoutua; joutua kadotukseen, *Abaddon* –kadotus on samasta sanasta.

⁴⁰ הנו גיר צבינה דאבי דכל דחזא לברא ומהימן בה נהוון

olevat hänessä uskoo ja pojalle näkee joka kaikki että isäni tahtonsa sillä tämä

לה חיא דלעלם ואנא אקימיוהי ביומא אחריא:

viimeinen päivässä hänet nostan minä ja iankaikkinen elämä hänelle

Sillä tämä on minun isäni tahto, että kaikki, jotka näkevät pojan ja uskovat häneen, heillä olisi iankaikkinen elämä, ja minä nostan hänet siinä viimeisessä päivässä.

⁴¹ יהודיא דין רטנין הוו עלוהי דאמר דאנא אנא לחמא

leipä minä minä että sanoi että hänen ylleen olivat mumisivat mutta jehudia

דנחתת מן שמיא:

taivaista laskeutunut joka

Mutta juutalaiset mutisivat häntä vastaan, koska hän sanoi, että "minä, minä olen se leipä, joka on laskeutunut taivaista".

⁴² ואמרין הוו לא הוא הנא ישוע ברה דיוסף הו דחנן ידעין

tunnemme me että hän Josef'n poikansa Jeshua tämä ole eikö olivat sanoivat ja

לאבוהי ולאמה ואיכנא אמר הנא דמן שמיא נחתת:

laskeutunut taivaista että tämä sanoi kuinka ja äidilleen ja isälleen

Johanneksen evankeliumi

Ja sanoivat, "eikö tämä ole Jeshua, Josef'n poika, hän, jonka isän ja äidin me tunnemme, ja kuinka hän sanoi, että tämä on laskeutunut taivaista?"

⁴³ עָנָא יֵשׁוּעַ וַאֲמַר לְהוֹן לָא תְּרַטְנוּן חַד עִם חַד:
    yksi kanssa yksi mumisette älkää heille sanoi ja Jeshua vastasi

Jeshua vastasi ja sanoi heille, "älkää mumisko toinen toisenne kanssa",

⁴⁴ לָא אֱנָשׁ מֶשְׁכַּח דְּנִאתֶא לְוָתִי אֶלָּא אֶן נָגֵד הוּ אַבָּא דְּשַׁדְּרַנִי
    minut lähetti joka isä häntä vedä jos vaan luokseni tuleva että pysty ihminen ei

וַאֲנָא אֲקִימִיוֹהִי בְּיוֹמָא אַחְרָיָא:
    viimeinen päivässä hänet nostan minä ja

Ei kukaan pysty tulemaan minun luokseni, ellei häntä vedä isä, joka minut lähetti, ja minä nostan hänet siinä viimeisessä päivässä.

⁴⁵ כְּתִיב גֵּיר בַּנְבִיָּא דְּנֶהְווֹן כֻּלְּהוֹן מַלְּפָא דַּאלָהָא כֹּל מַן דְּשָׁמַע
    kuullut joka kaikki Jumalan opetettu he kaikki ovat (fut.) että profeetan kautta sillä kirjoitettu

הָכִיל מֶן אַבָּא וְיָלֵף מֶנֵּה אָתֵא לְוָתִי:
    luokseni tulee hänestä oppinut ja isästä sen tähden

Sillä kirjoitettu on, profeetan kautta, että "he kaikki tulevat olemaan Jumalan opettamia". Sen tähden jokainen, joka on isältä kuullut ja oppinut, tulee minun luokseni.

⁴⁶ לָא הוּ דַּחְזָא אֱנָשׁ לְאַבָּא אֶלָּא מַן דְּמִן אֲלָהָא אִיתוֹהִי
    se on Jumalasta joka vaan isän ihminen nähnyt että ole ei

הוּ הוּ חְזָא לְאַבָּא:
    isän nähnyt hän hän

Ei kukaan ole isää nähnyt, paitsi hän, joka on Jumalasta; hän on nähnyt isän.

⁴⁷ אָמִין אָמִין אָמַר אֲנָא לְכוֹן דְּמַן דִּמְהַיְמֶן בִּי אִית לֵהּ
    hänelle on minuun uskoo joka että teille minä sanon amen amen

חַיֵּא דַּלְעָלַם:
    iankaikkinen elämä

Amen, amen, minä sanon teille, että joka uskoo minuun, hänelle on iankaikkinen elämä.

⁴⁸ אֶנָא אֲנָא לַחְמָא דְּחַיֵּא:
    elämän leipä minä minä

Luku 6

Johanneksen evankeliumi

Minä, minä olen se elämän leipä.

⁴⁹ אבהיכון אכלו מננא במדברא ומיתו:
    kuolivat ja   erämaassa mannaa söivät teidän isänne

Teidän isänne söivät mannaa erämaassa, ja he kuolivat.

⁵⁰ הנו דין לחמא דנחת מן שמיא דנאכול אנש מנה
    hänestä ihminen syövä joka taivaista laskeutunut joka   leipä mutta tämä

ולא נמות:
kuoleva   ei

Mutta tämä on se leipä, joka on laskeutunut taivaista. Ihminen, joka hänestä syö, ei tule kuolemaan.

⁵¹ אנא אנא לחמא חיא דמן שמיא נחתת ואן אנש נאכול
    syövä ihminen jos ja laskeutunut taivaista joka elämä leipä minä minä

מן הנא לחמא נחא לעלם ולחמא אינא דאנא אתל פגרי
    ruumiini tarjoan minä jonka sellainen leipä ja iankaikkisesti elävä   leipä   tästä

הו דעל אפי חיוהי דעלמא יהב אנא:
    minä annan maailman   elämä kasvot ylle että hän

Minä, minä olen se leipä, elämä, joka on laskeutunut taivaista, ja jos joku syö tästä leivästä, hän on elävä iankaikkisesti, ja se leipä, jota minä tarjoan, on minun ruumiini, jonka minä annan maailman elämän puolesta.

⁵² נצין הוו דין יהודיא חד עם חד ואמרין איכנא משכח
    pystyy kuinka sanoivat ja yksi kanssa yksi Jehudia mutta olivat kiistelivät

הנא פגרה דנתל לן למאכל:
    syötäväksi meille antaa että ruumiinsa   tämä

Mutta juutalaiset riitelivät toinen toisensa kanssa ja sanoivat, "kuinka tämä voi antaa ruumiinsa meille syötäväksi?"

⁵³ ואמר להון ישוע אמין אמין אמר אנא לכון דאלא תאכלון
    syötte ellei teille minä sanon amen amen Jeshua heille sanoi ja

פגרה דברה דאנשא ותשתון דמה לית לכון חיא בקנומכון:
    teidän olemuksessanne elämä teille ei ole verensä juotte ja ihmisen pojan ruumiinsa

Ja Jeshua sanoi heille, "amen, amen, minä sanon teille; ellette syö Ihmisen Pojan ruumista ja juo hänen vertaan, ei teillä ole elämää teidän olemuksessanne."

Johanneksen evankeliumi

54

מן דאכל דין מן פגרי ושתא מן דמי אית לה חיא דלעלם
iankaikkinen elämä hänelle on verestäni juo ja ruumiistani mutta syö joka

ואנא אקימיוהי ביומא אחריא:
viimeinen päivässä hänet nostan minä ja

Mutta joka syö minun ruumiistani ja juo minun verestäni, hänelle on se iankaikkinen elämä, ja minä nostan hänet siinä viimeisessä päivässä.

55

פגרי גיר שריראית איתוהי מאכולתא ודמי שריראית
todellakin vereni ja syötävää se on todellakin sillä ruumiini

איתוהי משתיא:
juotavaa se on

Sillä minun ruumiini, se on todellakin syötävää, ja minun vereni, se on todellakin juotavaa.

56

מן דאכל פגרי ושתא דמי בי מקוא ואנא בה:
hänessä minä ja pysyy minussa vereni juo ja ruumiini syö joka

Joka syö minun ruumiini ja juo minun vereni, pysyy minussa, ja minä hänessä.

Pysymisen voi lukea mikve, "puhdistuu minun kauttani".

57

איכנא דשדרני אבא חיא ואנא חי אנא מטל אבא
isä tähden minä elän minä ja elävä isä minut lähetti että samoin

ומן דנאכלני אף הו נחא מטלתי:
tähteni elävä hän myös minut syövä joka ja

Samoin kuin minut lähetti elävä isä, ja minä elän isän tähden, ja joka syö minut, myös hän tulee elämään minun tähteni.

58

הנו לחמא דנחת מן שמיא לא הוא איך דאכלו אבהיכון
isänne söivät että kuin ole ei taivaista laskeutui joka leipä tämä

מננא ומיתו מן דאכל הנא לחמא נחא לעלם:
ikuisuudelle elävä leipä tämä syö joka kuolivat ja mannaa

Tämä on se leipä, joka laskeutui alas taivaista. Ei se ole niin kuin teidän isänne, jotka söivät mannaa ja kuolivat. Joka syö tätä leipää, on elävä iankaikkisesti.

Luku 6

Johanneksen evankeliumi

⁵⁹ הלין אמר בכנושתא כד מלף בכפרנחום:

Kaper-Nahum'ssa opetti kun kokouspaikassa sanoi nämä

Nämä hän sanoi siinä kokouspaikassa, opettaessaan Kaper-Nahumissa.

⁶⁰ וסגיאא דשמעו מן תלמידוהי אמרין קשיא הי מלתא

puhe se kova sanoivat oppilaistaan kuulivat jotka monet ja

הדא מנו משכח למשמעה:

sen kuulemaan pystyy kuka tämä

Ja monet hänen oppilaistaan, jotka kuulivat, sanoivat, "tämä on kovaa puhetta, kuka voi sen ymmärtää?"

⁶¹ ישוע דין ידע בנפשה דרטנין על הדא תלמידוהי ואמר

sanoi ja oppilaansa tämä ylle valittivat jotka sielussaan tunsi mutta Jeshua

להון הדא מכשלא לכון:

teille kompastuttaa tämä heille

Mutta Jeshua tunsi sielussaan, että hänen oppilaansa mumisivat tästä, ja hän sanoi heille, "tähänkö te kompastutte?"

⁶² אן תחזון הכיל לברה דאנשא דסלק לאתר דאיתוהי

se jossa paikalle nousee että ihmisen pojan sen tähden näette jos

הוא מן קדים:

ensimmäisestä oli

Sen tähden, entä, jos näkisitte Ihmisen Pojan nousevan siihen asemaan, joka hänellä oli alusta asti?

⁶³ רוחא הי דמחיא פגרא לא מהנא מדם מלא דאנא

minä jotka sanat asia hyödytä ei ruumis elävöittää joka se henki

מללת עמכון רוחא אנין וחיא אנין:

ovat elämä ja ovat henki kanssanne puhuin

Henki on se, joka tekee eläväksi. Ei ruumis hyödytä mitään. Ne sanat, jotka minä puhuin teidän kanssanne, ovat henki, ja ne ovat elämä.

Juutalaisessa ajattelussa jokainen sana ihmisen suusta kohoaa henkenä Jumalan eteen.

Luku 6

Johanneksen evankeliumi

⁶⁴ אלא אית אנשא מנכון דלא מהימנין ידע הוא גיר ישוע
    Jeshua sillä oli tunsi uskovat ei että heistä ihmisiä oli vaan

מן קדים מן אנון אילין דלא מהימנין ומנו הו דמשלם לה:
    hänen pettää joka hän kuka ja uskoneet ei jotka ne näistä ensimmäisestä

Vaan osa heistä ei uskonut, sillä Jeshua tunsi alusta asti näistä ne, jotka eivät uskoneet, ja kuka on hän, joka hänet pettää.

⁶⁵ ואמר הוא להון מטל הנא אמרת לכון דלא אנש משכח
    pysty ihminen ei että teille sanonut tämä tähden heille oli sanoi ja

דנאתא לותי אלא יהיב לה מן אבי:
    isästäni hänelle annettu vaan luokseni tuleva että

Ja hän sanoi heille, "tämän tähden minä olen sanonut teille, ettei kukaan voi tulla minun luokseni, ellei sitä ole hänelle annettu minun isältäni."

⁶⁶ מטל הדא מלתא סגיאא מן תלמידוהי אזלו לבסתרהון
    perääntyivät menivät oppilaistaan monet sana tämä tähden

ולא מהלכין הוו עמה:
    kanssaan olivat kulkivat eivätkä

Tämän sanan tähden monet hänen oppilaistaan menivät, vetäytyivät pois, eivätkä vaeltaneet hänen kanssaan.

⁶⁷ ואמר ישוע לתרעסרתה למא אף אנתון צבין אנתון למאזל:
    menemiselle te tahdotte te myös miksi kahdelletoistaan Jeshua sanoi ja

Jeshua sanoi niille kahdelletoistaan, "mitä, tahdotteko tekin mennä?"

⁶⁸ ענא שמעון כאפא ואמר מרי לות מן נאזל מלא דחיא
    elämän sanat menevä kuka luokse herrani sanoi ja Keefa Shimeon vastasi

דלעלם אית לך:
    sinulle on iankaikkisen

Shimeon Keefa vastasi ja sanoi, "minun Herrani, kenen luokse me menisimme? Sinulla on iankaikkisen elämän sanat."

⁶⁹ וחנן הימנן וידען דאנת הו משיחא ברה דאלהא חיא:
    elävä Jumalan poikansa Messias hän sinä että tunnemme ja uskomme me ja

Ja me uskomme ja tunnemme, että sinä olet hän, Messias, elävän Jumalan poika.

Johanneksen evankeliumi

⁷⁰ אמר להון ישוע לא הוא אנא גביתכון לתרעסר
       kahdelletoista teidät valinnut minä ollut eikö Jeshua heille sanoi

ומנכון חד סטנא הו:
       hän satana yksi teistä ja

Jeshua sanoi heille, "enkö minä valinnut teidät kaksitoista? Ja yksi teistä, hän on satana.

⁷¹ אמר הוא דין על יהודא בר שמעון סכריוטא הו גיר עתיד
       tuleva sillä hän Skariota Shimeoni poika Jehuda ylle mutta tämä sanoi

הוא דנשלמיוהי חד מן תרעסר:
       kahdestatoista yksi hänet pettävä että oli

Mutta tämän hän sanoi Jehudasta, Shimeonin poika Skariota, sillä hän oli tuleva pettämään hänet – yksi kahdestatoista.

Johanneksen evankeliumi

Luku 7

7:1 בתר הלין מהלך הוא ישוע בגלילא לא גיר צבא הוא
ollut tahtoi sillä ei Galileassa Jeshua oli vaelsi nämä jälkeen .
למהלכו ביהוד מטל דיהודיא בעין הוו למקטלה:
hänet tappamaan olivat etsivät Jehudia'n tähden Jehud'ssa kulkemaan

Näiden jälkeen Jeshua vaelsi Galileassa, sillä hän ei tahtonut vaeltaa Juudeassa niiden juutalaisten tähden, jotka etsivät häntä tappaakseen hänet.

2 וקריב הוא עדעדא דמטלא דיהודיא:
Jehudian lehtimajojen juhla oli lähellä ja .

Ja juutalaisten lehtimajajuhla oli lähellä.

3 ואמרו לה אחוהי לישוע שנא לך מכא וזל ליהוד
Jehud'iin mene ja tästä sinut siirrä Jeshualle veljensä hänelle sanoivat ja .
דנחזון תלמידיך עבדא דעבד אנת:
sinä teet jota teot oppilaasi näkisivät että

Ja hänen veljensä sanoivat Jeshualle, "siirry täältä ja mene Juudeaan, että sinun oppilaasi näkisivät teot, joita sinä teet."

4 לית גיר אנש דעבד מדם בטושיא וצבא הו נהוא אן הלין
nämä jos oleva se tahtoi ja salassa asia tee että ihminen sillä ei ole .
עבד אנת חוא נפשך לעלמא:
maailmalle sielusi osoita sinä teet

Sillä eihän kukaan tee mitään salassa, ja jos sinä tahdot näitä tehdä, osoita sielusi maailmalle!

5 אף לא גיר אחוהי הימנו הוו בה בישוע:
Jeshuassa hänessä olivat uskoneet veljensä sillä ei myös .

Sillä eivät hänen veljensäkään uskoneet häneen, Jeshuaan.

6 אמר להון ישוע זבני דילי עדמא להשא לא מטא זבנכון
määräaikanne saapunut ei tälle saakka minun aikani Jeshua heille sanoi .
דין דילכון בכל עדן מטיב:
valmis hetket kaikessa teidän mutta

Luku 7

Johanneksen evankeliumi

Mutta Jeshua sanoi heille, "minun aikani ei ole vielä tullut, mutta teidän aikanne on koko ajan valmiina."

⁷ לא משכח עלמא למסנכון לי דין סנא מטל דאנא מסהד
    todistan minä että koska inhoaa mutta minulle teitä inhoamaan maailma   pysty ei

אנא עלוהי דעבדוהי בישין אנון:
    ovat pahat sen työnsä että sen ylle minä

Maailma ei voi vihata teitä, mutta minua se vihaa, koska minä todistan sitä vastaan, että sen teot ovat pahoja.

⁸ אנתון סקו לעדעדא הנא אנא לא סלק אנא השא לעדעדא
    juhlalle nyt minä nouse en minä tämä juhlalle nouskaa te

הנא מטל דזבנא דילי לא עדכיל שלם:
    täytetty vielä ei minun aika että koska tämä

Menkää te ylös tälle juhlalle. Minä en nyt mene ylös tähän juhlaan, koska minun aikani ei ole vielä täyttynyt.

⁹ הלין אמר ופש לה בגלילא:
    Galileassa hänelle jäi ja sanoi nämä

Hän sanoi nämä, ja jäi Galileaan.

¹⁰ כד דין סלקו אחוהי לעדעדא הידין אף הו סלק לא
    ei nousi hän myös sitten juhlalle veljensä nousivat mutta kun

בגליא אלא איך דבטושיא:
    salassa että kuin vaan avoimuudessa

Mutta kun hänen veljensä menivät ylös juhlalle, silloin hänkin meni, ei avoimesti, vaan ikään kuin salaa.

¹¹ יהודיא דין בעין הוו לה בעדעדא ואמרין הוו איכו הו:
    hän missä olivat sanoivat ja juhlassa hänelle olivat etsivät mutta Jehudia

Mutta juutalaiset olivat etsimässä häntä siinä juhlassa, ja he sanoivat, "missä hän on?"

¹² ורטנא סגיאא מטלתה אית הוא בכנשא אית הוו גיר
    sillä olivat kansassa olivat tähtensä monet kiistelivät ja

Luku 7

Johanneksen evankeliumi

דאמרין דטב הו ואחרנא אמרין הוו לא אלא מטעא לעמא:
kansalle eksyttää vaan ei olivat sanoivat toiset ja hän hyvä että sanoivat että

Ja monet kiisteliväthänen tähtensä kansassa, sillä sanottiin, että "hän on hyvä", ja toiset sanoivat, "ei, vaan hän eksyttää kansaa".

13
לא דין אנש גליאית ממלל הוא עלוהי מטל
tähden hänestä oli puhui avoimesti ihminen mutta ei

דחלתא דיהודיא:
Jehudia'n pelon

Mutta kukaan ei puhunut hänestä avoimesti juutalaisten pelon tähden.

14
כד דין פלגו יומתא דעדעדא סלק ישוע להיכלא
temppelille Jeshua nousi juhlan päivät jakaantuivat mutta kun

ומלף הוא:
hän opetti ja

Mutta kun oli sen juhlan puoliväli, Jeshua meni ylös temppeliin, ja hän opetti.

15
ומתדמרין הוו יהודיא ואמרין איכנא ידע הנא ספרא
kirjat tämä tuntee kuinka sanoivat ja Jehudia olivat hämmästyivät ja

כד לא ילף:
oppinut ei kun

Ja juutalaiset hämmästyivät ja sanoivat, kuinka tämä tuntee kirjoja, vaikka ei ole oppinut?

16
ענא ישוע ואמר יולפני לא הוא דילי אלא דהו דשדרני:
minut lähetti joka hänen vaan omani ole ei opetukseni sanoi ja Jeshua vastasi

Jeshua vastasi ja sanoi, "minun opetukseni ei ole minun omaani, vaan hänen, joka minut lähetti."

17
מן דצבא דנעבד צבינה מסתכל יולפני אן מן אלהא הו
hän Jumalasta jos opetukseni ymmärtää tahtonsa tekevä että tahtoo joka

או אנא מן צבות נפשי ממלל אנא:
minä puhun sieluni tahdosta minä tai

Joka tahtoo tehdä hänen tahtonsa, ymmärtää minun opetukseni, jos se on Jumalasta, vai puhunko minä oman sieluni tahdosta.

Luku 7

Johanneksen evankeliumi

¹⁸ מן דמן צבות רעינה ממלל שובחא לנפשה בעא הו דין
mutta hän etsii sielulleen kirkkaus puhuu ajatuksensa tahdosta joka

דשובחא דמן דשדרה בעא שריר הו ועולא בלבה לא אית:
ole ei sydämessään vääryys ja hän totuus etsii hänen lähetti joka –sta kirkkauden

Joka puhuu mielensä tahdosta, etsii kunniaa omalle sielulleen, mutta joka etsii lähettäjänsä kunniaa, hän on totuus, ja hänen sydämessään vääryyttä ei ole.

¹⁹ לא הוא מושא יהב לכון נמוסא ולא אנש מנכון
teistä ihminen eikä sana teille antoi Moshe oli eikö

נטר נמוסא:
sanaa varjeleva

Eikö Moshe antanut teille sitä kirjoitettua sanaa, eikä kukaan teistä pidä sitä sanaa?

²⁰ מנא בעין אנתון למקטלני ענא כנשא ואמרין דיוא אית לך
sinulle on demoni sanoivat ja kansa vastasi minut tappamaan te etsitte miksi

מנו בעא למקטלך:
sinut tappamaan etsii kuka

"Miksi te etsitte minua tappaaksenne?" Kansa vastasi ja he sanoivat, "sinussa on demoni. Kuka etsii sinua tappaakseen?"

²¹ ענא ישוע ואמר להון חד עבדא עבדת וכלכון
te kaikki ja tein teko yksi heille sanoi ja Jeshua vastasi

מתדמרין אנתון:
te ihmettelette

Jeshua vastasi ja sanoi heille, "yhden teon minä tein, ja te kaikki ihmettelette!"

²² מטל הנא מושא יהב לכון גזורתא לא הוא מטל דמנה הי
se hänestä että koska oli ei ympärileikkaus teille antoi Moshe tämä tähden

מן מושא אלא דמן אבהתא הי ובשבתא גזרין אנתון ברנשא:
ihmispoika te ympärileikkaatte sapatissa ja se niistä isistä että vaan Moshe'sta

Tämän tähden Moshe antoi teille ympärileikkauksen; ei siksi, että se olisi häneltä, Moshe'lta, vaan se on niistä isistä, ja sapattina te ympärileikkaatte ihmisen,

²³ אן ברנשא מתגזר ביומא דשבתא מטל דלא נשתרא
rikottava ettei tähden sapatin päivässä ympärileikkaus ihmispoika jos

68

Johanneksen evankeliumi

נמוסא דמושא עלי רטנין אנתון דכלה ברנשא אחלמת
sana Moshe'n ylleni valitatte te että kaiken ihmispoika tervehdyttänyt

ביומא דשבתא:
päivässä sapatin

Jos ihminen ympärileikataan sapatin päivänä, sen tähden, ettei rikottaisi Moshe'n sanaa, valitatteko te siitä minua vastaan, että koko ihminen tehdään terveeksi sapatin päivänä?

²⁴ לא תהוון דינין במסב באפא אלא דינא כאנא דונו:
älkää olette tuomitsette hyväksyjässä kasvoissa vaan tuomio oikea tuomitkaa

Älkää olko tuomioissa puolueellisia, vaan tuomitkaa oikea tuomio.

²⁵ ואמרין הוו אנשא מן אורשלם לו הנו הו דבעין למקטל:
ja sanoivat olivat ihmiset Jerusalemista eikö tämä hän jota etsivät tappamaan

Ja ne ihmiset, jotka olivat Jerusalemista, sanoivat, "eikö tämä ole hän, jota he etsivät tappaakseen?"

²⁶ והא גליאית ממלל ומדם לא אמרין לה דלמא ידעו
ja katso avoimesti puhuu ja asia ei sanoivat hänelle että mitä tietävät

קשישין דהנו שריראית משיחא:
vanhimmat että tämä todellisesti Messias

Ja katso, hän puhuu avoimesti, eikä kukaan sano hänelle mitään. Tietääköhän vanhimmisto, että tämä todellakin on se Messias?

²⁷ אלא להנא ידעין חנן מן אימכא הו משיחא דין אמתי
vaan tälle tiedämme me mistä hän Messias mutta milloin

דאתא לא אנש ידע מן אימכא הו:
että tulee ei ihminen tiedä mistä hän

Vaan me tiedämme, mistä hän on. Mutta silloin, kun Messias tulee, ei kukaan tiedä, mistä hän on.

²⁸ וארים ישוע קלה כד מלף בהיכלא ואמר ולי ידעין אנתון
ja korotti Jeshua äänensä kun opetti temppelissä ja sanoi ja minulle tiedätte te

ומן אימכא אנא ידעין אנתון ומן צבות נפשי לא אתית אלא
ja mistä minä tiedätte te ja tahdosta sieluni en tullut vaan

Luku 7

Johanneksen evankeliumi

שריר הו מן דשדרני הו דאנתון לא ידעין אנתון לה:
hänelle   te   tiedätte   ette   te jota hän minut lähetti joka hän   totuus

Ja Jeshua korotti äänensä opettaessaan temppelissä, ja sanoi, "minut te tiedätte, ja mistä minä olen. Enkä minä tullut oman sieluni tahdosta, vaan hän on totuus, joka minut lähetti, hän, jota te ette tunne!"

²⁹ אנא דין ידע אנא לה דמן לותה אנא והו שדרני:
minut lähetti hän ja minä luokseen –sta että hänelle minä tunnen mutta   minä

Mutta minä tunnen hänet, jonka luota minä olen, ja hän lähetti minut.

³⁰ ובעו למאחדה ולא אנש ארמי עלוהי אידיא מטל
koska   kädet päälleen korottaa ihminen eikä kiinniottamaan etsivät ja

דלא עדכיל אתת הות שעתה:
hetkensä   ollut   tullut   vielä ei että

Ja häntä etsittiin kiinniotettavaksi, eikä kukaan kohottanut käsiään häntä vastaan, koska hänen hetkensä ei ollut vielä tullut.

³¹ סגיאא דין מן כנשא הימנו בה ואמרין משיחא מא דאתא
tulee että   kun   Messias sanoivat ja hänessä uskoivat   kansasta mutta   paljon

למא דיתירן מן הלין אתותא דעבד הנא עבד:
teki tämä tekee jota   merkit   näistä   enemmän   mitä

Mutta monet kansasta uskoivat häneen ja sanoivat, "kun Messias tulee, onkohan hänellä enemmän merkkejä kuin nämä, joita tämä tekee?"

³² ושמעו פרישא לכנשא דממללין עלוהי הלין ושדרו הנון
heitä lähettivät ja nämä hänen ylleen puhuivat mitä   kansan   fariseukset kuulivat ja

ורבי כהנא דחשא דנאחדוניהי:
kiinniottaisivat että   vartijat   papit suuret ja

Ja fariseukset kuulivat, että kansa puhui näitä hänestä, ja he lähettivät heitä, ja papiston johtajien vartijoita, että ottaisivat hänet kiinni.

³³ ואמר ישוע קליל תוב זבנא עמכון אנא ואזל אנא
minä menen ja   minä kanssanne   aika   vielä vähän   Jeshua sanoi ja

לות מן דשדרני:
minut lähetti kuka   luokse

Johanneksen evankeliumi

Ja Jeshua sanoi, "vähän aikaa vielä, minä olen teidän kanssanne, ja minä menen hänen luokseen, joka lähetti minut."

34

ותבעוני ולא תשכחונני ואיכא דאנא איתי לא משכחין
   pystytte ei olen minä että missä ja minua löydä ettekä minua etsitte ja

אנתון למאתא:
tulemaan te

Ja te tulette etsimään minua, ettekä löydä, ja missä minä olen – te ette pysty tulemaan.

35

אמרין יהודיא בנפשהון לאיכא עתיד הנא למאזל דחנן
me että menemään tämä tuleva mihin sieluissaan Jehudia sanoivat

לא משכחין חנן לה למא כי לאתרותא דעממא עתיד
tuleeko kansojen alueille siis mitä hänelle me pystymme emme

דנאזל ונלף לחנפא:
uskottomille opettava ja menevä että

Juutalaiset sanoivat sieluissaan, "mihin tämä tulee menemään, että me emme sinne voi? Mitä, onko hän siis menossa muiden kansakuntien alueille ja opettava uskottomia?"

36

מנא הי הדא מלתא דאמר דתבעונני ולא תשכחונני ואיכא
missä ja minut löydä ettekä minua etsitte että puhui jota sana tämä se mitä

דאנא איתי אנתון לא משכחין אנתון למאתא:
tulemaan te pystytte ette te olen minä jossa

Mitä on tämä sana, jonka hän puhui, että "te tulette etsimään minua, ettekä löydä minua, ja missä minä olen, te ette voi tulla"?

37

ביומא דין רבא דאיתוהי אחריא דעדעדא קאם הוא ישוע
Jeshua oli seisoi juhlan viimeinen se on joka suuri mutta päivässä

וקעא ואמר אן אנש צהא נאתא לותי ונשתא:
juokoon ja luokseni tulkoon janoaa ihminen jos sanoi ja huusi ja

Mutta sinä suurena päivänä, joka on sen juhlan viimeinen, Jeshua seisoi ja huusi ja sanoi, "jos joku janoaa, tulkoon minun luokseni ja juokoon!"

38

כל מן דמהימן בי איכנא דאמרו כתבא נהרותא דמיא
veden virrat kirjoitukset sanovat että siten minussa uskoo joka kaikki

חיא נרדון מן כרסה:
kohdustaan virtaava elämä

Luku 7

Johanneksen evankeliumi

Jokainen, joka uskon minuun sillä tavalla, kuin kirjoitukset sanovat, hänen sisimmästään tulevat virtaamaan elämän veden virrat.

³⁹ הדא דין אמר על רוחא דעתידין הוו למקבלו אילין
  ne saamaan olivat tulevat joka henki ylle sanoi mutta tämä
דמהימנין בה לא גיר עדכיל אתיהבת הות רוחא מטל
  koska henki oli annettu vielä sillä ei hänessä uskoivat jotka
דלא עדכיל אשתבח הוא ישוע:
  Jeshua oli kirkastunut vielä ettei

Mutta tämän hän sanoi siitä hengestä, jonka ne olivat tulossa saamaan, jotka uskoivat häneen, sillä sitä henkeä ei oltu vielä annettu, koska Jeshua ei ollut vielä kirkastunut.

⁴⁰ סגיאא דין מן כנשא דשמעו מלוהי אמרין הוו
  olivat sanoivat sanansa kuulivat jotka kansasta mutta monet
הנו שריראית נביא:
  profeetta todellakin tämä

Mutta monet kansasta, jotka kuulivat hänen sanansa, sanoivat, "tämä todellakin on profeetta".

⁴¹ אחרנא אמרין הוו הנו משיחא אחרנא אמרין דלמא
  mitä että sanoivat toiset Messias tämä olivat sanoivat toiset
מן גלילא אתא משיחא:
  Messias tuleeko Galileasta

Toiset sanoivat, "tämä on Messias", toiset sanoivat, että "mitä, tuleeko Messias Galileasta?"

⁴² לא הוא כתבא אמר דמן זרעה דדויד ומן בית־לחם קריתא
  kylä Beit-Lechem'sta ja David'n siemenestään että sanoi kirjoitus ollut eikö
דילה דדויד אתא משיחא:
  Messias tulee David'n omansa

Eikö kirjoitus sano, että Messias tulee Davidin siemenestä ja Beit-Lechem'istä, Davidin omasta kylästä?

⁴³ והות הות פלגותא בכנשא מטלתה:
  tähtensä kansassa jakaantuminen ollut oli ja

Ja kansa jakaantui hänen tähtensä.

Johanneksen evankeliumi

Luku 7

⁴⁴ וְאִית הֲווֹ אֲנָשִׁין מִנְּהוֹן דְּצָבֵין הֲווֹ דְּנֶאחְדּוּנָיהי אֶלָּא לָא
  ei   vaan kiinniottava että olivat tahtoivat jotka heistä ihmisiä olivat siellä ja

אנש ארמי עלוהי אידיא:
  kädet   ylleen kohottaa ihminen

Ja siellä oli ihmisiä, jotka tahtoivat ottaa hänet kiinni, vaan kukaan ei kohottanut kättään häntä vastaan.

⁴⁵ וְאֶתוֹ דַּחְשָׁא הָנוּן לוֶת רַבַּי כָּהנֵא וּפְרִישֵׁא וְאָמְרוּ לְהוֹן
  heille sanoivat ja fariseukset ja papit suuret luokse nämä vartijat tulivat ja

כהנא למנא לא איתיתוניהי:
    häntä toitte ette miksi   papit

Ja nämä vartijat tulivat papiston johtajien ja fariseusten luokse, ja papit sanoivat heille, "miksi te ette tuoneet häntä?"

⁴⁶ אָמְרִין לְהוֹן דַּחְשָׁא לָא מִמְּתוּם הָכַנָא מַלֵּל בַּרנָשָׁא
   mies   puhui   siten   koskaan ei vartijat heille sanoivat

איך דממלל גברא הנא:
   tämä   mies puhuu että kuin

Vartijat sanoivat heille, "ei ole ihminen milloinkaan puhunut siten, kuin tämä mies puhuu".

⁴⁷ אָמְרִין לְהוֹן פְּרִישֵׁא לְמָא אַף אַנְתּוֹן טְעִיתוּן:
    eksyneet   te   myös mitä fariseukset heille sanoivat

Fariseukset sanoivat heille, "mitä, oletteko tekin eksyneet?"

⁴⁸ לְמָא אֱנָשׁ מִן רִשָּׁא אוֹ מִן פְּרִישֵׁא הַיְמֵן בֵּהּ:
  hänessä uskoneet   fariseuksista tai johtajista ihmiset mitä

Onko joku johtajista tai fariseuksista uskonut häneen?

⁴⁹ אֶלָּא אֶן עַמָּא הָנָא דְּלָא יָדַע נָמוּסָא לִיטִין אֱנוּן:
   ovat   kirotut   sanaa tunne ei joka tämä kansa jos vaan

Vaan jos tämä kansa uskoo, joka ei tunne kirjoitettua sanaa, he ovat kirottuja.

Johanneksen evankeliumi

⁵⁰ אמר להון ניקדמוס חד מנהון הו דאתא הוא
oli tullut joka hän heistä yksi Nikodemus heille sanoi

לות ישוע בלליא:
yössä Jeshua luokse

Nikodemus sanoi heille – yksi heistä, hän, joka oli tullut yöllä Jeshuan luokse;

⁵¹ דלמא נמוסא דילן מחיב לברנשא אלא אן נשמע
kuuleva jos vaan miehelle syyllistä meidän sana mitä että

מנה לוקדם ונדע מנא עבד:
tehnyt mistä tietävä ja ensin hänestä

Että, "mitä, syyllistääkö meidän sanamme miehen, ellei häntä ole ensin kuultu ja tiedetty, mitä hän on tehnyt?"

⁵² ענו ואמרין לה למא אף אנת מן גלילא אנת בצי
tutki sinä Galileasta sinä myös mitä hänelle sanoivat ja vastasivat

וחזי דנביא מן גלילא לא קאם:
nouse ei Galileasta profeetta että näe ja

He vastasivat ja sanoivat hänelle, "oletko sinäkin Galileasta? Tutki ja näe, ettei Galileasta nouse profeettaa!"

⁵³ אזל הכיל כלחד לביתה:
kodilleen yksi kaikki sen tähden meni

Sen tähden, he kaikki menivät koteihinsa.

Johanneksen evankeliumi

Luku 8

8:1 ישוע דין אזל לטורא דזיתא:
      oliivit vuorelle meni mutta Jeshua

Mutta Jeshua meni Öljymäelle.

2 בצפרא דין תוב אתא להיכלא וכלה עמא אתא הוא
      oli tuli kansa kaikkensa ja temppelille tuli taas mutta aamussa
לותה וכד יתב מלף הוא להון:
      heille oli opetti istui kun ja luokseen

Mutta aamulla hän tuli taas temppelille, ja koko kansa tuli hänen luokseen, ja hän opetti heitä istuessaan.

3 איתיו דין ספרא ופרישא לאנתתא דאתתחדת בגורא
      aviorikoksessa kiinniotettu joka vaimolle fariseukset ja kirjanoppineet mutta toivat
וכד אקימוה במצעתא:
      keskelleen hänet seisomaan kun ja

Mutta kirjanoppineet ja fariseukset toivat vaimon, joka oli otettu kiinni aviorikoksen kautta, ja kun he olivat laittaneet hänet seisomaan heidän keskelleen,

4 אמרין לה מלפנא הדא אנתתא אתתחדת גליאית
      avoimesti kiinniotettu vaimo tämä opettaja hänelle sanoivat
בה בסוערנא דגורא:
      aviorikoksen harjoittamisessa hänet

He sanoivat hänelle, "opettaja, tämä vaimo on otettu kiinni harjoittaessaan avoimesti aviorikosta,"

5 ובנמוסא דין דמושא פקד דלדאיך הלין נרגום אנת
      sinä kivitettävä nämä kuin joille että käski Moshe'n mutta sanassa ja
הכיל מנא אמר אנת:
      sinä sanot mitä sen tähden

"Ja Moshe'n kirjoitetussa sanassa käsketään, että tällaiset on kivitettävä. Sen tähden, mitä sinä sanot?"

6 הדא אמרו כד מנסין לה איכנא דתהוא להון דנקטרגוניהי
      häntä syyttäisivät että heille olisi että siten hänelle kiusasivat kun sanoivat tämä

Johanneksen evankeliumi

יֵשׁוּעַ דֵּין כַּד לְתַחֵת אֵתגַּהַן מַכתַּב הוּא עַל אַרעָא:
maa　ylle　oli kirjoitti　kumartunut　alhaalle　kun mutta　Jeshua

Tämän he sanoivat häntä kiusaten, että siten saisivat häntä syytetyksi. Mutta Jeshua, alas kumartuneena, oli kirjoittamassa maahan.

⁷ כַּד דֵּין כַּתרוּ כַּד מְשַׁאלִין לֵה אֵתפְּשֵׁט וֶאמַר לְהוּן אַינָא
sellainen　heille　sanoi ja　nousi ylös häntä　kysyivät kun jatkoivat mutta　kun

מֶנכוּן דְּאִיתַוהי דְּלָא חְטָה קַדמָיָא נֵשדֵּא עֲלֵיה כאִפָא:
kivi　yllensä heittävä　ensimmäinen　syntinsä　ilman　se on joka　teistä

Mutta kun he jatkoivat kysellen sitä häneltä, hän nousi ylös ja sanoi heille, "sellainen teistä, joka on ilman syntiä, heittäköön ensimmäisen kiven hänen päälleen".

⁸ וְתוּב כַּד אֵתגַּהַן כְּתַב הוּא עַל אַרעָא:
maa　ylle　oli kirjoitti　kumartui　kun　taas ja

Ja taas, kumartuneena, hän oli kirjoittamassa maahan.

Jeremia 17:13, "*mikve Israel, Adonai!* Kaikki, jotka sinut hylkäävät, joutuvat häpeään. "Jotka minusta luopuvat, ne kirjoitetaan tomuun". Sillä he ovat hyljänneet elävän veden lähteen, Herran". Psalmien Midrash selittää jaetta, että se puhuu Messiaasta; niin kuin mikve puhdistaa, niin myös Messiaan veri puhdistaa.

⁹ הָנוּן דֵּין כַּד שְׁמַעוּ נָפקִין הְוַו חַד חַד כַּד שַׁרִיו מֶן קַשִׁישָׁא
vanhimmista　alkoivat　kun　yksi yksi　olivat poistuivat　kuulivat kun mutta　nämä

וֵאשׁתַּבקַת אַנתּתָא לְחוּדֵיה כַּד אִיתֵיה בַּמצַעתָא:
keskellään　hän oli kun　yksinään　vaimo　jätetty ja

Mutta nämä poistuivat sen kuullessaan toinen toisensa jälkeen, vanhimmista alkaen, ja vaimo jätettiin yksinään, vaikka hän oli heidän keskellään.

¹⁰ כַּד דֵּין אֵתפְּשֵׁט יֵשׁוּעַ אֵמַר לָה לְאַנתּתָא אַיכָּא אִיתַיהוּן
he ovat　missä　vaimolle　hänelle sanoi　Jeshua　nousi ylös mutta　kun

לָא אנָשׁ חַיְּבֵכי:
syyttäjäsi　ihminen　ei

Mutta noustessaan ylös Jeshua sanoi sille vaimolle, "missä he ovat, eikö kukaan ole syyttäjäsi?"

Johanneksen evankeliumi

Luku 8

¹¹ הי דין אמרת ולא אנש מריא אמר דין ישוע אפלא אנא
      minä en myös Jeshua mutta sanoi herra ihminen ei edes sanoi mutta hän

מחיב אנא לכי זלי ומן השא תוב לא תחטין:
      syntejä ei taas nyt –sta ja mene sinulle minä syytä

Mutta hän sanoi, "ei kukaan, Herra". Mutta Jeshua sanoi, "en minäkään syytä sinua. Mene äläkä tästä lähtien syntiä tee."

¹² תוב דין מלל עמהון ישוע ואמר אנא אנא נוהרה דעלמא
      maailman valkeutensa minä minä sanoi ja Jeshua kanssaan puhui mutta taas

מן דבתרי אתא לא נהלך בחשוכא אלא נשכח לה
      hänelle löytävä vaan pimeydessä vaeltava ei tulee perässäni kuka

נוהרא דחיא:
      elämän valkeus

Mutta taas Jeshua puhui heidän kanssaan ja sanoi, "minä, minä olen se maailman valkeus. Joka minun perässäni tulee, ei vaella pimeydessä, vaan hän on löytävä sen elämän valkeuden."

¹³ אמרין לה פרישא אנת על נפשך מסהד אנת סהדותך
      todistuksesi sinä todistat sielusi ylle sinä fariseukset hänelle sanoivat

לא הות שרירא:
      totuus ollut ei

Fariseukset sanoivat hänelle, "sinä todistat omasta sielustasi. Todistuksesi ei ollut totuus."

¹⁴ ענא ישוע ואמר להון אפן אנא מסהד אנא על נפשי
      sieluni ylle minä todistus minä vaikka heille sanoi ja Jeshua vastasi

שרירא הי סהדותי מטל דידע אנא מן אימכא אתית
      tullut mistä minä tunnen että koska todistukseni se totuus

ולאיכא אזל אנא אנתון דין לא ידעין אנתון מן אימכא
      mistä te tiedätte että mutta te minä menen minne ja

אתית ולא לאיכא אזל אנא:
      minä menen minne eikä tullut

Jeshua vastasi ja sanoi heille, "vaikka minä todistan omasta sielustani, se minun todistukseni on totuus, koska minä tiedän, mistä minä olen tullut ja minne minä menen. Mutta te ette tiedä, mistä minä olen tullut, ettekä, minne minä menen."

Luku 8

Johanneksen evankeliumi

¹⁵ אנתון פגרנאית דינין אנתון אנא לאנש לא דאן אנא:
   minä tuomitse en ihmiselle minä te tuomitsette ruumiillisesti te

Te tuomitsette ruumiillisesti. Minä en tuomitse ketään.

¹⁶ ואן דאן אנא דין דיני שריר הו מטל דלא הוית בלחודי
   minä yksin olin etten koska hän totuus tuomioni mutta minä tuomitsen jos ja

אלא אנא ואבי דשדרני:
vaan minä ja isäni joka lähetti minut

Ja jos minä silti tuomitsen, minun tuomioni on se totuus, koska minä en ollut yksin tuomitsemassa, vaan minä ja minun isäni, joka on minut lähettänyt.

¹⁷ ובנמוסכון דין כתיב דסהדותא דתרין גברין שרירא הי:
   se totuus miehet kahden todistus että kirjoitettu mutta teidän sanassanne ja

Mutta teidän kirjoitetussa sanassanne on kirjoitettu, että "kahden miehen todistus, se on totuus".

¹⁸ אנא אנא דסהד אנא על נפשי ואבי דשדרני סהד עלי:
   ylleni todistaa lähetti joka isäni ja sieluni ylle minä todistan että minä minä

Minä, minä todistan omasta sielustani, ja minun isäni, joka minut lähetti, todistaa minusta.

¹⁹ אמרין לה איכו אבוך ענא ישוע ואמר להון ולא לי ידעין
   tunnette minulle ettekä heille sanoi ja Jeshua vastasi isäsi missä hänelle sanoivat

אנתון ולא לאבי אלו לי ידעין הויתון אף לאבי ידעין הויתון
olisitte tunnette isälleni myös olisitte tunnette minulle jos isälleni ettekä te

He sanoivat hänelle, "missä on sinun isäsi?" Jeshua vastasi ja sanoi heille, "ette te tunne minua, ettekä minun isääni. Jos te tuntisitte minut, te tuntisitte myös minun isäni."

²⁰ הלין מלא מלל בית גזא כד מלף בהיכלא ולא אנש אחדה
   kiinniotta ihminen eikä temppelissä opetti kun gaza huone puhui sanat nämä

לא גיר עדכיל אתת הות שעתה:
hetkensä ollut tullut vielä sillä ei

Nämä sanat hän puhui varastohuoneella, opettaessaan temppelissä, eikä kukaan ottanut häntä kiinni, sillä hänen hetkensä ei ollut vielä tullut.

Luku 8

Johanneksen evankeliumi

²¹ אמר להון תוב ישוע אנא אזל אנא ותבעונני
        etsisitte ja minä menen minä Jeshua   taas   heille sanoi

ותמותון בחטהיכון ואיכא דאנא אזל אנא אנתון
   te minä menen minä että minne ja synneissänne kuolisitte ja

לא משכחין אנתון למאתא:
      tulemaan   te   pystytte ette

Jeshua sanoi heille taas, "minä menen, ja te saatte etsiä minua ja kuolla teidän synneissänne, ja minne minä menen, te ette voi sinne tulla."

²² אמרין יהודיא למא כי נפשה קטל דאמר דאיכא דאנא אזל
  menen minä että minne ja sanoi että tappaa sielunsa siis mitä Jehudia sanoivat

אנא אנתון לא משכחין אנתון למאתא:
      tulemaan   te   pystytte ette   te   minä

Juutalaiset sanoivat, "tappaako hän siis oman sielunsa, sanoessaan että 'ja minne minä menen, te ette voi sinne tulla'?"

²³ ואמר להון אנתון מן דלתחת אנתון ואנא מן דלעל אנא
   minä ylhäältä minä ja   te   alhaalta   te heille sanoi ja

אנתון מן הנא אנתון עלמא אנא לא הוית מן הנא עלמא:
  maailma   tästä   ole en minä maaima   te   tästä   te

Ja hän sanoi heille, "te olette alhaalta, ja minä olen ylhäältä. Te olette tästä maailmasta, minä en ole tästä maailmasta."

²⁴ אמרת לכון דתמותון בחטהיכון אלא גיר תהימנון דאנא
    minä että   uskotte sillä vaan synneissänne kuolisitte että teille sanoin

אנא תמותון בחטהיכון:
      synneissänne kuolisitte minä

Minä olen sanonut teille, että te saatte kuolla teidän synneissänne. Ellette usko, että "minä olen", te saatte kuolla synneissänne.

²⁵ אמרין יהודיא אנת מן אנת אמר להון ישוע אפן
  vaikka Jeshua heille sanoi sinä kuka sinä Jehudia sanoivat

דשרית דאמלל עמכון:
   kanssanne puheen aloitin että

Johanneksen evankeliumi

Juutalaiset sanoivat hänelle, "kuka sinä olet?" Jeshua sanoi heille, "vaikka aloin puhumaan teidän kanssanne,

²⁶ סגי אית לי עליכון למאמר ולמדן אלא מן דשדרני שריר הו
    hän totuus minut lähetti joka vaan tuomitsemiselle ja sanomiselle yllenne minulle on paljon

ואנא אילין דשמעת מנה הלין הו ממלל אנא בעלמא:
    maailmassa minä puhun se nämä hänestä kuulin jotka ne minä ja

Minulla on teistä paljon sanottavaa ja tuomittavaa, mutta hän, joka minut lähetti, hän on totuus, ja minä puhun maailmassa niitä, mitä minä olen häneltä kuullut."

²⁷ ולא ידעו דעל אבא אמר להון:
    heille puhui isä ylle että tienneet eivätkä

Eivätkä he tienneet, että hän puhui heille isästä.

²⁸ אמר להון תוב ישוע אמתי דתרימונה לברה דאנשא הידין
    silloin ihmisen pojalleen hänet korottanut että milloin Jeshua taas heille sanoi

תדעון דאנא אנא ומדם מן צבות נפשי לא עבד אנא אלא
    vaan minä tee en sieluni tahdosta asia ja minä minä että tunnette

איכנא דאלפני אבי הכות הו ממלל אנא:
    minä puhun hän siten isäni minua opetti että kuten

Jeshua sanoi heille taas, "kun Ihmisen Poika on korotettu, silloin te tunnette, että minä, minä olen, enkä minä tee mitään oman sieluni tahdosta, vaan niin kuin minun isäni on minut opettanut, siten minä puhun."

²⁹ ומן דשדרני עמי איתוהי ולא שבקני בלחודי אבי
    isäni yksinäisyydessä minut jätti eikä se on kanssani minut lähetti joka ja

מטל דאנא מדם דשפר לה עבד אנא בכלזבן:
    ajat kaikessa minä teen hänelle kaunis joka asia minä että koska

Ja joka minut lähetti, on minun kanssani, eikä minun isäni ole jättänyt minua yksin, koska minä teen koko ajan sitä, mikä on hänelle kaunista.

³⁰ כד הלין ממלל הוא סגיאא הימנו בה:
    häneen uskoi paljon oli puhui nämä kun

Kun hän oli nämä puhunut, monet uskoivat häneen.

Johanneksen evankeliumi

Luku 8

31 ואמר ישוע להנון יהודיא דהימנו בה אן אנתון תכתרון
. jatkatte te jos hänessä uskovat jotka Jehudia niille Jeshua sanoi ja

במלתי שריראית תלמידי אנתון:
te oppilaani todellisesti sanassani

Ja Jeshua sanoi niille juutalaisille, jotka uskoivat häneen, "jos te jatkatte minun sanassani, te todella olette minun oppilaitani!"

32 ותדעון שררא והו שררא נחררכון:
. teidät vapauttava totuus hän ja totuus tunnette ja

Ja te tulette tuntemaan totuuden, ja se totuus on teidät vapauttava.

Vapauttaa, *charar*, orjan vapauttaminen. Substantiivina läpimurto. Mutta orjuudesta on nyt kyse;

33 אמרין לה זרעה חנן דאברהם ומן מתום עבדותא לאנש
. ihmiselle orjuus menneisyydestä ja Abrahamin me siemenensä hänelle sanoivat

לא פליחא לן איכנא אמר אנת דתהוון בני חארא:
vapaat lapset olisitte että sinä sanot kuinka meille palvelleet emme

He sanoivat hänelle, "me olemme Abrahamin siementä, emmekä ole orjuudessa koskaan ketään palvelleet, kuinka sinä sanot, että 'olisitte vapaat lapset'?"

34 אמר להון ישוע אמין אמין אמרנא לכון דכלמן דעבד
tekee joka kuka kaikki että teille minä puhun amen amen Jeshua heille sanoi

חטיתא עבדה הו דחטיתא:
synnin on työntekijänsä synti

Jeshua sanoi heille, "amen, amen, minä sanon teille, että jokainen, joka tekee syntiä, on synnin orja."

35 ועבדא לא מקוא לעלם בביתא ברא דין לעלם מקוא:
. pysyy iankaikkisuudelle mutta poika talossa iankaikkisuudelle pysy ei työntekijä ja

Eikä orja pysy talossa iankaikkisesti. Mutta poika pysyy iankaikkisesti.

36 אן הו הכיל דברא נחררכון שריראית תהוון בני חארא:
. vapaat lapset olisitte todellisesti teidät vapauttava poika että sen tähden hän jos

Luku 8

Johanneksen evankeliumi

Sen tähden, jos poika tulee tekemään teidät vapaaksi, te tulette todella olemaan vapaita lapsia.

³⁷ ידע אנא דזרעה אנתון דאברהם אלא בעין אנתון למקטלני
minut tappamaan te etsitte vaan Abrahamin te siemenensä että minä tiedän

מטל דלמלתי לא ספקין אנתון:
te käsitä ette sanoilleni että koska

Minä tiedän, että te olette Abrahamin siementä. Vaan te etsitte minua tappaaksenne, koska te ette ymmärrä minun sanojani.

³⁸ אנא מדם דחזית לות אבי ממלל אנא ואנתון מדם
asia te ja minä puhun isäni luona näin jota asia minä

דחזיתון לות אבוכון עבדין אנתון:
te teette teidän isänne luona nähneet jota

Minä puhun sitä, mitä minä näin minun isäni luona, ja te teette sitä, mitä olette nähneet teidän isänne luona.

³⁹ ענו ואמרין לה אבון דילן אברהם הו אמר להון ישוע אלו
jos Jeshua heille sanoi hän Abraham meidän isämme hänelle sanoivat ja vastasivat

בנוהי הויתון דאברהם עבדוהי דאברהם עבדין הויתון:
olisitte teette Abrahamin tekojansa Abrahamin olisitte lapsensa

He vastasivat ja sanoivat hänelle, "Abraham, hän on meidän isämme." Jeshua sanoi heille, "jos te olisitte Abrahamin lapsia, te olisitte tekemässä Abrahamin tekoja."

⁴⁰ השא דין הא בעין אנתון למקטלני לגברא דשרירתא
totuus joka miehelle minut tappamaan te etsitte katso mutta nyt

מללת עמכון אידא דשמעת מן אלהא הדא אברהם לא עבד:
teki ei Abraham tämä Jumalasta kuullut joka millainen kanssanne puhunut

Mutta nyt, katso, te etsitte minua tappaaksenne, miestä, joka on puhunut teidän kanssanne totuutta, sellaista, jota hän on kuullut Jumalalta. Tätä Abraham ei tehnyt.

⁴¹ אנתון דין עבדין אנתון עבדא דאבוכון אמרין לה חנן
me hänelle sanoivat isänne teot te teette mutta te

מן זניותא לא הוין חד אבא אית לן אלהא:
Jumala meille on isä yksi ole emme haureudesta

"Mutta te teette teidän isänne tekoja." He sanoivat hänelle, "me emme ole haureudesta. Meillä on yksi isä; Jumala."

Johanneksen evankeliumi

42

אמר להון ישוע אלו אלהא הוא אבוכון מחבין הויתון
olette rakastatte teidän isänne on Jumala jos Jeshua heille sanoi

לי אנא גיר מן אלהא נפקת ואתית ולא מן צבות
tahdosta ole eikä tullut ja lähti Jumalasta sillä minä minulle

נפשי אתית אלא הו שדרני:
minut lähetti hän vaan tullut sieluni

Jeshua sanoi heille, "jos Jumala on teidän isänne, te rakastaisitte minua, sillä minä olen Jumalasta lähtenyt, enkä ole tullut oman sieluni tahdosta, vaan hänen, joka minut lähetti."

43

מטל מנא מלתי לא משתודעין אנתון על דלא משכחין
pystytte ettei ylle te ymmärrätte ette sanani mistä tähden

אנתון שמעין מלתי:
sanani kuulette te

Minkä tähden te ette ymmärrä minun sanojani? Te ette pysty kuulemaan minun sanojani!

44

אנתון מן אבא אכלקרצא איתיכון ורגתה דאבוכון צבין
tahdotte isänne että himonsa ja teille paholainen isästä te

אנתון למעבד הו דמן ברשית קטל אנשא הו ובשררא לא
ei totuudessa ja hän ihmiset tappaa alusta joka hän tekemään te

קאם מטל דשררא לית בה אמתי דממלל כדבותא מן דילה
omastaan petos puhuu jota sellainen hänessä ei ole totuus että koska seiso

הו ממלל מטל דדגלא הו אף אבוה:
isänsä myös hän valheen koska puhuu hän

Te olette isästä paholaisesta, ja teidän isänne himon te tahdotte tehdä, hänen, joka on alusta asti tappanut ihmisiä, eikä hän pysy totuudessa, koska totuutta ei hänessä ole. Puhuessaan petosta hän puhuu omastaan, koska hän on valheenkin isä.

45

אנא דין דשררא ממלל אנא לא מהימנין אנתון לי:
minulle te uskotte ette minä puhun totuus joka mutta minä

Mutta minä, joka puhun totuutta; minua te ette usko.

46

מנו מנכון מכס לי על חטיתא ואן שררא ממלל אנא אנתון
te minä puhun totuus jos ja synti ylle minulle nuhtelee teistä kuka

Luku 8

Johanneksen evankeliumi

למנא לא מהימנין אנתון לי:
minulle te uskotte ette miksi

Kuka teistä nuhtelee minua synnistä? Ja jos minä puhun totuutta, miksi te ette usko minua?

⁴⁷ מן דמן אלהא איתוהי מלא דאלהא שמע מטל הנא אנתון
te tämä tähden kuulee Jumalan sanat se on Jumalasta joka

לא שמעין אנתון מטל דלא הויתון מן אלהא:
Jumalasta olette ette että koska te kuulette ette

Joka on Jumalasta, kuulee Jumalan sanat, tämän tähden: te ette kuule, koska te ette ole Jumalasta.

⁴⁸ ענו יהודיא ואמרין לה לא שפיר אמרין אנחנן דשמריא
samarialainen että me sanoivat kaunis ei hänelle sanoivat ja Jehudia vastasivat

אנת ודיוא אית לך:
sinulle on demoni ja sinä

Juutalaiset vastasivat ja sanoivat hänelle, "emmekö sanokin kauniisti, että sinä olet samarialainen ja sinussa on demoni?"

⁴⁹ אמר להון ישוע לי דיוא לא אית אלא לאבי מיקר אנא
minä kunnoitan isälleni vaan ole ei demoni minulle Jeshua heille sanoi

ואנתון מצערין לי:
minulle häpäisette te ja

Jeshua sanoi heille, "minussa ei ole demonia, vaan minä kunnioitan minun isääni, ja te häpäisette minua."

⁵⁰ אנא דין לא בעא אנא שובחי אית הו דבעא ודאן:
tuomitsee ja etsii joka hän on kunniani minä etsi en mutta minä

Mutta minä en etsi minun kunniaani. Hän on se, joka etsii ja tuomitsee.

⁵¹ אמין אמין אמר אנא לכון דמן דמלתי נטר מותא
kuolema varjelee sanani joka että teille minä sanon amen amen

לא נחזא לעלם:
iankaikkisuudelle näkevä ei

Luku 8

Johanneksen evankeliumi

Amen, amen, minä sanon teille, että joka pitää minun sanani, ei ole näkevä kuolemaa, iankaikkisesti.

⁵² אמרין לה יהודיא השא ידען דדיוא אית לך אברהם מית
           kuollut Abraham sinulle on riivaaja että tiedämme nyt Jehudia hänelle sanoivat .

ונביא ואנת אמר אנת דמן דמלתי נטר מותא לא נטעם לעלם:
iankaikkisuudelle maistava ei kuolema varjeleva sanani että joka sinä sanot sinä ja profeetat ja

Juutalaiset sanoivat hänelle, "nyt me tiedämme, että sinussa on riivaaja; Abraham on kuollut, ja profeetat, ja sinä sanot, että joka pitää minun sanani, ei ole maistava kuolemaa, iankaikkisesti!?"

⁵³ למא אנת רב אנת מן אבון אברהם דמית ומן נביא
           profeetoista ja kuoli joka Abraham isästämme sinä suuri sinä mitä .

דמיתו מנו עבד אנת נפשך:
sielusi sinä teet kenestä kuolivat jotka

Oletko sinä suurempi kuin isämme Abraham, joka kuoli, ja profeetat, jotka kuolivat? Kuka sinä luulet olevasi?

⁵⁴ אמר להון ישוע אן אנא משבח אנא נפשי שובחי לא הוא
           ole ei kirkkauteni sieluni minä kirkastan minä jos Jeshua heille sanoi .

מדם איתוהי אבי דמשבח לי הו דאמרין אנתון דאלהן הו:
hän Jumalamme että te sanoitte josta hän minulle kirkastaa joka isäni se on asia

Jeshua sanoi heille, "jos minä oman sieluni kirkastan, minun kirkkauteni ei ole mitään. Minun isäni on se, joka minut kirkastaa, hän, josta te sanoitte, että 'hän on meidän Jumalamme'."

⁵⁵ ולא ידעתוניהי אנא דין ידע אנא לה ואן אמר אנא דלא
           etten minä sanoin jos ja hänet minä tunnen mutta minä häntä tunnette ettekä .

ידע אנא לה הוא אנא לי כדבא אכותכון אלא ידע אנא לה
hänelle minä tunnen vaan tekin kuin valehtelija minulle minä olen hänet minä tunnen

ומלתה נטר אנא:
minä varjelen sanansa ja

Ettekä te tunne häntä, mutta minä tunnen hänet, ja jos minä sanoisin, etten minä tunne häntä, minä olisin valehtelija niin kuin tekin, vaan minä tunnen hänet ja minä pidän hänen sanansa.

Luku 8

Johanneksen evankeliumi

⁵⁶ אברהם אבוכון מסוח הוא דנחזא יומי וחזא וחדי:
iloitsi ja näki ja päiväni näkisi että oli halusi isänne Abraham .

Abraham, teidän isänne, halusi, että näkisi minun päiväni, ja hän näki ja iloitsi.

⁵⁷ אמרין לה יהודיא עדכיל בר חמשין שנין לא הוית
ole et vuodet 50 poika vielä Jehudia hänelle sanoivat .

ולאברהם חזית:
nähnyt Abraham'n ja

Juutalaiset sanoivat hänelle, "et ole vielä edes viittäkymmentä vuotta, ja olet nähnyt Abrahamin?"

⁵⁸ אמר להון ישוע אמין אמין אמר אנא לכון דעדלא נהוא
oleva ennen että teille minä sanon amen amen Jeshua heille sanoi .

אברהם אנא איתי:
olen minä Abraham

Jeshua sanoi heille, "amen, amen, minä sanon teille, että minä olen, ennen kuin Abrahamia olikaan."

⁵⁹ ושקלו כאפא דנרגמוניהי וישוע אתטשי ונפק
lähti ja piiloutui Jeshua ja hänet kivittävä että kivet nostivat ja .

מן היכלא ועבר בינתהון ואזל:
meni ja keskellään ohitti ja temppelistä

Ja he poimivat kiviä, että kivittäisivät hänet, ja Jeshua suojautui ja lähti temppelistä, ja ohitti heidät heidän keskeltään, ja meni pois.

Johanneksen evankeliumi

Luku 9

9:1 וכד עבר חזא גברא סמיא דמן כרס אמה:
    äitinsä kohdusta joka sokea mies näki ohikulki kun ja

Ja ohi kulkiessaan hän näki miehen, joka oli ollut sokea äitinsä kohdusta.

2 ושאלוהי תלמידוהי ואמרין רבן מנו חטא הנא או אבהוהי
  vanhempansa tai tämä syntiä kenestä rabbimme sanoivat ja oppilaansa kysyivät ja .

דכד סמא נתילד:
  syntyisi sokea kun että

Ja hänen oppilaansa kysyivät häneltä ja sanoivat "meidän rabbimme, kuka teki syntiä, tämä vai hänen vanhempansa, että hän syntyi sokeana?"

3 אמר להון ישוע לא הו חטא ולא אבהוהי אלא דנתחזון
  näkyisivät että vaan vanhempansa eikä syntiä hän ei Jeshua heille sanoi .

בה עבדוהי דאלהא:
  Jumalan tekonsa hänessä

Jeshua sanoi heille, "ei hän tehnyt syntiä, eivätkä hänen vanhempansa, vaan, että Jumalan teot tulisivat hänen kauttaan näkyviksi".

4 לי ולא למעבד עבדא דמן דשדרני עד איממא הו אתא
  tulee se päivä kunnes minut lähetti joka teot tekemään täytyy minun .

לליא דאנש לא משכח למפלח:
  palvelutyölle pysty ei ihminen että yö

Minun on tehtävä hänen tekojaan, joka minut lähetti kun on se päivä. Tulee yö, jolloin kukaan ei pysty palvelutyöhön.

5 כמא דבעלמא אנא נוהרה אנא דעלמא:
  maailman minä valkeutensa minä maailmassa että kauanko .

Niin kauan, kuin minä olen maailmassa, minä olen maailman valkeus.

6 וכד אמר הלין רק על ארעא וגבל טינא מן רוקה
  syljestään savi muodosti ja maa ylle sylki nämä sanoi kun ja .

וטש על עינוהי דהו סמיא:
  sokea hän joka silmänsä ylle hieroi ja

Luku 9

Johanneksen evankeliumi

Ja kun hän sanoi nämä, hän sylki maan päälle, ja valmisti syljestään savea, ja hieroi hänen silmiensä päälle, hänen, joka oli sokea.

⁷ וֵאמַר לֵה זֶל אַשִׁיג בְּמַעְמוּדִיתָא דְשִׁילוּחָא וַאֲזַל אַשִׁיג
. ja sanoi hänelle mene peseydy kastepaikassa Shilocha'n ja meni peseytyi

וַאֲתָא כַּד חֲזָא:
ja tuli kun näki.

Ja hän sanoi hänelle, "mene, peseydy Shilocha'n kastepaikassa", ja hän meni, peseytyi ja kun hän tuli, hän näki.

⁸ שַׁבְבוֹהִי דֵּין וְאַילֵין דַּחֲזָא הוּא לְהוֹן מֶן קְדִים דְּחָדַר הוּא
. lähimmäisensä mutta ja ne joka oli nähnyt heille oli aikasemmasta että kerjäsi oli

אָמְרִין הֲוֹו לָא הוּא הָנוּ הוּ דְיָתֵב הוּא וְחָדַר:
sanoivat olivat eikö ole tämä hän joka istui oli ja kerjäsi

Mutta hänen omaisensa ja ne, jotka olivat ennen nähneet, että hän kerjäsi, sanoivat, "eikö tämä ole hän, joka oli istumassa ja kerjäämässä?"

⁹ אִית דְּאָמְרִין הֲוֹו דְּהֲוִיוּ וְאִית דְּאָמְרִין הֲוֹו לָא אֶלָּא מְדַמֵא
. (akk.) että sanoivat olivat että hän se ja että sanoivat olivat ei vaan sama

דָּמֵא לֵה הוּ דֵּין אָמַר הוּא דְּאֶנָא אֶנָא:
kaltainen hänelle hän mutta sanoi olen joka minä minä.

Siellä sanottiin, että "se on hän!", ja sanottiin, "ei, vaan hänen kaltaisensa", mutta hän sanoi, "minä, minä se olen!"

¹⁰ אָמְרִין לֵה אַיכַּנָא אֶתְפְּתַח עַיְנָיְך:
sanoivat hänelle kuinka avattu silmäsi

He sanoivat hänelle, "kuinka sinun silmäsi on avattu?"

¹¹ עֲנָא וַאֲמַר לְהוֹן גַּבְרָא דִּשְׁמֵהּ יֵשׁוּעַ עֲבַד טִינָא
. vastasi ja sanoi heille mies jonka nimensä Jeshua teki savea

וּטְשׁ לִי עַל עַיְנַי וֶאֱמַר לִי זֶל אַשִׁיג בְּמַיָא דְשִׁילוּחָא
ja hieroi minulle ylle silmieni ja sanoi minulle mene peseydy vedessä Shiloacha'n

וְאָזְלֵת אַשִׁיגֵת וְאֶתְחֲזִי לִי:
ja menin peseydyin ja sain näköni minulle

Johanneksen evankeliumi — Luku 9

Hän vastasi ja sanoi heille, "se mies, jonka nimi on Jeshua, teki savea ja hieroi silmieni päälle, ja sanoi minulle, 'mene, peseydy Shilocha'n vedessä', ja minä menin, peseydyin ja sain näköni."

12 אמרין לה איכו אמר להון לא ידע אנא:
   sanoivat hänelle missä hän sanoi heille en tiedä minä

He sanoivat hänelle, "missä hän on?" Hän sanoi heille, "en minä tiedä."

13 ואיתיוהי להו דמן קדים סמיא הוא לות פרישא:
   ja ottivat hänet hänen joka ennen sokea oli luokse fariseukset

Ja hänet, joka ennen oli sokea, vietiin fariseusten luokse.

14 איתיה הות דין שבתא כד עבד טינא ישוע
   se oli mutta sapatti kun teki savea Jeshua
ופתח לה עינוהי:
   ja avasi hänen silmänsä

Mutta se oli sapatti, kun Jeshua teki savea ja avasi hänen silmänsä.

15 ותוב שאלוהי פרישא איכנא אתחזי לך הו דין אמר להון
   ja taas kysyivät fariseukset kuinka sait näkösi sinulle hän mutta sanoi heille
טינא סם על עיני ואשיגת ואתחזי לי:
   savea laittoi ylle silmäni ja peseydyin ja sain näköni minun

Ja taas fariseukset kysyivät häneltä, "kuinka sinä sanoit näkösi?" Mutta hän sanoi heille, "hän laittoi savea silmieni päälle, ja minä peseydyin ja sain näköni."

16 ואמרין הוו אנשא מן פרישא הנא גברא לא הוא מן אלהא
   ja sanoivat olivat ihmiset fariseuksista tämä mies ei ole Jumalasta
הו דשבתא לא נטר אחרנא דין אמרין הוו איכנא משכח
   hän että sapattia ei pidä toiset mutta sanoivat olivat kuinka pystyy
גברא חטיא הלין אתותא למעבד ופלגותא אית הות בינתהון:
   mies syntinen nämä merkit tekemään ja jakaantuminen *(akk.)* oli keskuudessaan

Ja jotkut fariseuksista sanoivat, "tämä mies ei ole Jumalasta, koska hän ei pidä sapattia", mutta toiset sanoivat, "kuinka syntinen mies pystyy tekemään nämä merkit?" – Ja heidän keskuudessaan oli se jakaantuminen.

Luku 9

Johanneksen evankeliumi

¹⁷ אמרין תוב להו סמיא אנת מנא אמר אנת עלוהי דפתח
 . sanoivat taas hänelle sokea mitä sinä sanot sinä hänestä joka avasi

לך עיניך אמר להון אנא אמר אנא דנביא הו:
silmäsi sinun sanoi heille minä sanon minä että profeetta hän

He sanoivat taas sille sokealle, "mitä sinä sanot hänestä, joka avasi sinun silmäsi?" Hän sanoi heille, "minä sanon, että hän on se profeetta."

¹⁸ לא דין הימנו הוו עלוהי יהודיא דסמיא הוא וחזא עדמא
 . eivät mutta uskoneet olivat hänestä Jehudia joka sokea oli ja näki kunnes

דקרו לאבהוהי דהו דחזא:
että kutsuivat vanhempansa hänen joka näki

Mutta juutalaiset eivät uskoneet häntä, joka oli ollut sokea ja näki, ennen kuin kutsuivat hänen vanhempansa, hänen, joka sai näkönsä.

¹⁹ ושאלו אנון אן הנו ברכון הו דאנתון אמרין אנתון דכד
 . ja kysyivät heitä jos tämä poikanne hän josta te sanotte te että kun

סמא אתילד איכנא השא חזא:
sokea syntynyt kuinka nyt näkee

Ja he kysyivät heiltä, "jos tämä on se teidän poikanne, josta te sanoitte, että hän oli sokeana syntynyt – kuinka hän nyt näkee?"

²⁰ ענו דין אבהוהי ואמרו ידעינן דהנו ברן ודכד סמא
sokea kun että ja poikamme tämä että tiedämme sanoivat ja vanhempansa mutta vastasivat

אתילד:
synnytetty

Mutta hänen vanhempansa vastasivat ja sanoivat, "me tiedämme, että tämä on meidän poikamme, ja että hänet on sokeana synnytetty."

²¹ איכנא דין השא חזא או מנו פתח לה עינוהי לא ידעינן אף
 . kuinka mutta nyt näkee tai mistä aukeni hänelle silmänsä emme tiedämme myös

הו על לה לשנוהי לה שאלו הו חלף נפשה נמלל:
hän ylle hänen vuosilleen häntä kysykää hän puolesta sielunsa puhuva

Mutta kuinka hän nyt näkee, tai mistä hänen silmänsä aukenivat – me emme tiedä. Muutenkin hänellä on vuosia päällään; kysykää häneltä, hän puhukoon sielunsa puolesta.

Johanneksen evankeliumi

22 הלין אמרו אבהוהי מטל דדחלין הוו מן יהודיא פסקו
. nämä sanoivat vanhempansa koska että pelkäsivät olivat Jehudiasta päättäneet

הוו גיר יהודיא דאן אנש נודא בה דמשיחא הו נפקוניהי
olivat sillä Jehudia että jos ihminen tunnustava siinä että Messias hän poistaisivat hänet

מן כנושתא:
kokouspaikasta

Hänen vanhempansa sanoivat nämä, koska juutalaisia pelättiin, sillä he olivat päättäneet, että jos joku tunnustaisi, että hän on Messias, hänen poistettaisiin kokouspaikasta.

23 מטל הנא אמרו אבהוהי דעל לה לשנוהי לה שאלו:
. tähden tämä sanoivat vanhempansa että ylle hänelle vuosilleen hänelle kysykää

Tämän tähden hänen vanhempansa sanoivat, että hänellä on ikää, kysykää häneltä.

24 וקראוהי לגברא דתרתין זבנין להו דאיתוהי הוא סמיא
. kutsuivat ja miehelle toisen kerrat hänelle se joka oli sokea

ואמרין לה שבח לאלהא חנן גיר ידעינן דהנא גברא חטיא הו:
sanoivat ja hänelle ylistä Jumalalle me sillä tiedämme että tämä mies syntinen hän

Ja he kutsuivat toisen kerran sen miehen, hänet, joka oli ollut sokea, ja sanoivat hänelle, "ylistä Jumalaa, sillä me tiedämme, että tämä mies on syntinen!"

25 ענא הו ואמר להון אן חטיא הו לא ידע אנא חדא דין ידע
. vastasi hän ja sanoi heille jos syntinen hän en tiedä minä yksi mutta tiedän

אנא דסמיא הוית והשא הא חזא אנא:
minä joka sokea olin ja nyt katso näen minä

Hän vastasi ja sanoi heille, "jos hän on syntinen, sitä minä en tiedä, mutta yhden minä tiedän; että minä olin sokea, ja katso, nyt minä näen!"

26 אמרין לה תוב מנא עבד לך איכנא פתח לך עיניך:
. sanoivat hänelle taas mitä teki sinulle kuinka avasi sinulle silmäsi

He sanoivat taas hänelle, "mitä hän sinulle teki? Kuinka hän avasi sinun silmäsi?"

27 אמר להון אמרת לכון ולא שמעתון מנא תוב צבין אנתון
. sanoi heille sanonut teille ja ettekö kuulleet mitä taas tahdotte te

Luku 9

Johanneksen evankeliumi

למשמע למא אף אנתון תלמידא צבין אנתון למהוא לה:
hänelle olemaan te tahdotteko oppilaat te myös mitä kuulla

Hän sanoi heille, "minä olen sen sanonut teille, ja ettekö te kuulleet? Mitä te vielä tahdotte kuulla? Tahtoisitteko tekin olla hänen oppilaitaan?"

²⁸ הנון דין צחיוהי ואמרין לה אנת הו תלמידה דהו
hänen oppilaansa hän sinäkö hänelle sanoivat ja häntä halveksivat mutta nämä

חנן גיר תלמידא חנן דמושא:
Moshe'n me oppilaat sillä me

Mutta nämä halveksivat häntä ja sanoivat hänelle, "sinäkö olet hänen oppilaansa? Sillä me olemme Moshe'n oppilaita!"

²⁹ וידעינן דעם מושא אלהא מלל להנא דין לא
emme mutta tälle puhui Jumala Moshe kanssa että tiedämme ja

ידעינן מן אימכא הו:
hän mistä tiedämme

Ja me tiedämme, että Jumala puhui Moshe'n kanssa. Mutta tästä me emme tiedä, mistä hän on.

³⁰ ענא הו גברא ואמר להון בהדא הו הכיל למתדמרו דאנתון
te että ihmeellistä sen tähden se tässä heille sanoi ja mies hän vastasi

לא ידעין אנתון מן אימכא הו ועיני דילי פתח:
avasi minun silmäni ja hän mistä te tiedä ette

Se mies vastasi ja sanoi heille, "se tässä sen tähden onkin ihmeellistä, että te ette tiedä, mistä hän on, ja hän avasi minun silmäni."

³¹ ידעין חנן דין דין דאלהא בקלא דחטיא לא שמע אלא
vaan kuule ei syntisen äänessä Jumala että mutta me tiedämme

למן דדחל מנה ועבד צבינה להו הו שמע:
kuulee hän häntä tahtonsa tekee ja hänestä kunnioittaa joka

Mutta me tiedämme, että Jumala ei kuule syntisen ääntä, vaan joka häntä pelkää ja tekee hänen tahtonsa, häntä hän kuulee.

³² מן עלם לא אשתמעת דפתח אנש עינא דסמיא דאתילד:
syntynyt että sokea joka silmät ihminen avasi että kuultu ei iankaikkisuudesta

Iankaikkisuudesta ei ole kuultu, että joku on avannut sokeana syntyneen silmät.

Johanneksen evankeliumi

33 אלו לא מן אלהא הוא הנא לא משכח הוא הדא למעבד:
jos ei Jumalasta oli tämä ei pystyi oli tämä tekemään

Jos tämä ei olisi Jumalasta, ei hän olisi pystynyt tätä tekemään.

34 ענו ואמרין לה אנת כלך בחטהא אתילדת
vastasivat ja sanoivat hänelle sinä kaikkesi synneissä synnyit

ואנת מלף אנת לן ואפקוהי לבר:
ja sinä opetat sinä meille ja poistivat hänet ulkopuolelle

He vastasivat ja sanoivat hänelle, "sinä olet kokonaan synnissä syntynyt, ja sinäkö meitä opetat?" Ja he poistivat hänet ulkopuolelle.

35 ושמע ישוע דאפקוהי לבר ואשכחה ואמר לה אנת
ja kuuli Jeshua että poistettu hänet ulkopuolelle ja löysi hänet ja sanoi hänelle sinä

מהימן אנת בברה דאלהא:
uskotko sinä pojassaan Jumalan

Ja Jeshua kuuli, että hänet oli poistettu ulkopuolelle, ja löysi hänet ja sanoi hänelle, "uskotko sinä Jumalan poikaan?"

36 ענא הו דאתאסי ואמר מנו מרי דאהימן בה:
vastasi hän joka parantunut ja sanoi kuka herrani että uskon hänessä

Hän, joka oli parantunut, vastasi ja sanoi, "kuka hän on, Herrani, että häneen uskoisin?"

37 אמר לה ישוע חזיתיהי והו דממלל עמך הויו:
sanoi hänelle Jeshua näit hänet ja hän joka puhuu kanssasi hän se

Jeshua sanoi hänelle, "sinä näit hänet, ja hän, joka puhuu sinun kanssasi, hän se on."

38 הו דין אמר מהימן אנא מרי ונפל סגד לה:
hän mutta sanoi uskon minä herrani ja lankesi kumarsi hänelle

Mutta hän sanoi, "minä uskon, minun Herrani!" Ja hän lankesi kumartamaan häntä.

39 ואמר ישוע לדינה דעלמא הנא אתית דאילין דלא חזין
ja sanoi Jeshua tuomiolleen maailman tämä tullut että ne jotka ei näkevät

נחזון ואילין דחזין נסמון:
näkisivät ja ne jotka näkevät sokaistuisivat

Luku 9

Johanneksen evankeliumi

Ja Jeshua sanoi, "tämän maailman tuomioksi minä olen tullut, että ne, jotka eivät näe, näkisivät, ja ne, jotka näkevät, sokaistuisivat."

⁴⁰ ושמעו מן פרישא אילין דעמה הוו הלין ואמרו לה למא
. ja kuulivat fariseuksista ne jotka kanssaan olivat nämä ja sanoivat hänelle mitä

אף חנן סמיא חנן:
me myös sokea me

Ja fariseuksista ne, jotka olivat hänen kanssaan, kuulivat nämä ja sanoivat hänelle, "olemmeko mekin sokeat?"

⁴¹ אמר להון ישוע אלו סמיא הויתון לית הות לכון חטיתא
. sanoi heille Jeshua jos sokea olisitte ei ole ollut teille synti

השא דין אמרין אנתון דחזינן מטל הנא חטיתכון קימא הי:
nyt mutta sanotte te että näette tämän tähden syntinne seisoo se

Jeshua sanoi heille, "jos te olisitte sokeita, ei teillä olisi syntiä, mutta nyt te sanotte, että te näette – tämän tähden teidän syntinne pysyy."

Johanneksen evankeliumi

Luku 10

10:1 אמין אמין אמר אנא לכון דמן דלא עאל מן תרעא

portista astu sisään ei joka että teille minä sanon amen amen

לטירא דענא אלא סלק מן דוכא אחרניא הו גנבא הו וגיסא:

rosvo ja hän vara hän toinen paikasta nousee vaan lampaiden laumalle

Amen, amen, minä sanon teille, että joka ei mene sisään lammaslauman portista, vaan nousee toisesta paikasta, hän on varas ja rosvo.

2 הו דין דעאל מן תרעא רעיא הו דענא:

lampaiden hän paimen portista sisään joka mutta hän

Mutta hän, joka menee portista sisään, hän on lampaiden paimen.

3 ולהנא נטר תרעא פתח לה תרעא וענא שמעא קלה

äänensä kuulee lauma ja portti hänelle avaa portti vartija tälle ja

וערבוהי קרא בשמהיהון ומפק להון:

heidät vie ulos ja heidän nimissään kutsuu lampaansa ja

Ja tälle se portin vartija avaa portin, ja lauma kuulee hänen äänensä, ja hän kutsuu hänen lampaitaan heidän nimillään, ja hän vie heidät ulos.

4 ומא דאפק ענה קדמיה אזל וערבוהי דילה אזלין בתרה

perässään menevät omansa lampaansa ja menee edellään laumansa vienyt että kun ja

מטל דידעין קלה:

äänensä tuntevat että koska

Ja kun hän on vienyt laumansa ulos, hän menee edellä, ja hänen omat lampaansa menevät hänen perässään, koska he tuntevat hänen äänensä.

5 בתר נוכריא דין לא אזלא ענא אלא ערקא מנה דלא

ettei häntä pakenee vaan lauma mene ei mutta vieras perässä

ידעא קלה דנוכריא:

vieraan ääntään tunne

Mutta vieraan perässä lauma ei mene, vaan pakenee häntä, sillä he eivät tunne vieraan ääntä.

6 הדא פלאתא אמר להון ישוע הנון דין לא ידעו

tienneet eivät mutta nämä Jeshua heille sanoi vertaus tämä

Luku 10

Johanneksen evankeliumi

מנא מלל עמהון:
kanssaan puhui mistä

Tämän vertauksen Jeshua sanoi heille, mutta nämä eivät tunnistaneet, mistä hän puhui heidän kanssaan.

⁷ אמר להון דין תוב ישוע אמין אמין אמר אנא לכון
teille minä sanon amen amen Jeshua taas mutta heille sanoi

דאנא אנא תרעה דענא:
lauman porttinsa minä minä että

Mutta Jeshua sanoi heille taas, "amen, amen, minä sanon teille, että minä, minä olen se lauman portti."

⁸ וכלהון אילין דאתו גנבא אנון וגיסא אלא לא
ei vaan varkaat ja he rosvot tulivat jotka ne he kaikki ja

שמעת אנון ענא:
lauma heitä kuuli

Ja kaikki ne, jotka olivat tulleet, olivat rosvoja ja varkaita, vaan ei se lauma kuullut heitä.

⁹ אנא אנא תרעא ובי אן אנש נעול נחא ונעול ונפוק
ulos menevä ja sisään menevä ja elää menevä ihminen jos kauttani ja portti minä minä

ורעיא נשכח:
löytävä ravinnon ja

Minä, minä olen se portti, ja jos joku menee minun kauttani sisälle, hän saa elää, ja hän on menevä sisälle, ja menevä ulos, ja löytävä ravintoa.

¹⁰ גנבא לא אתא אלא דנגנוב ודנקטול ודנובד אנא אתית
tullut minä tuhoaisi että ja tappaisi ja varastaisi että vaan tule ei varas

דחיא נהוון להון ומדם דיתיר נהוא להון:
heille oleva rikas joka asia ja heille olevat elämät että

Varas ei tule muuta kuin varastamaan ja tappamaan ja tuhoamaan. Minä olen tullut, että heillä olisi elämä, ja heillä olisi runsaus.

¹¹ אנא אנא רעיא טבא רעיא טבא נפשה סאם חלף ענה:
laumansa sijasta asettaa sielunsa hyvä paimen hyvä paimen minä minä

Johanneksen evankeliumi

Minä, minä olen se hyvä paimen. Hyvä paimen antaa oman sielunsa hänen laumansa puolesta.

12 אגירא דין דלא הוא רעיא ולו דילה אנון ערבא מא
    kun lampaat he omansa eikä paimen ole ei joka mutta palkattu

דחזא דאבא דאתא שבק ענא וערק ואתא דאבא חטף
    ottaa kiinni susi tulee ja pakenee ja lauma jättää tulee kun susi että näkee kun

ומבדר לה לענא:
    laumalle sille hajottaa ja

Mutta palkattu, joka ei ole paimen, eivätkä lampaat ole hänen omiaan, kun näkee, että susi tulee, hän jättää lauman ja pakenee, ja susi tulee, ottaa kiinni ja hajottaa sen lauman.

13 אגירא דין ערק מטל דאגירא הו ולא בטיל לה על ענא:
    lauma ylle sille hoida eikä hän palkattu että koska pakenee mutta palkattu

Mutta palkattu pakenee, koska hän on palkattu, eikä hän hoida sitä laumaa.

14 אנא אנא רעיא טבא וידע אנא לדילי ומתידע אנא מן דילי:
    minun joka minä tunnettu ja minulle jotka minä tunnen ja hyvä paimen minä minä

Minä, minä olen se hyvä paimen, ja minä tunnen, ketkä ovat minun, ja minun omani tuntevat minut.

15 איכנא דידע לי אבי ואנא ידע אנא לאבי
    isäni minä tunnen minä ja isäni minut tuntee että samoin

ונפשי סאם אנא חלף ענא:
    lauma puolesta minä asetan sieluni ja

Samoin minun isäni tuntee minut, ja minä tunnen minun isäni, ja minä annan oman sieluni lauman puolesta.

16 אית לי דין אף ערבא אחרנא אילין דלא הוו מן טירא הנא
    tämä laumasta olleet ei jotka ne toiset lampaat myös mutta minulle on

ואף להון ולא לי למיתיו אנון ובשמעון קלי ותהוא ענא כלה
    kaikkensa lauma olisi ja ääneni kuulisivat ja heidät tuomaan minulle täytyy heille myös ja

חדא וחד רעיא:
    paimen yksi ja yksi

Luku 10

Johanneksen evankeliumi

Mutta minulla on myös toiset lampaat, ne, jotka eivät ole tästä laumasta, ja myös heitä täytyy tuoda minulle, ja he tulevat kuulemaan minun ääneni, ja koko lauma on oleva yksi, ja on oleva yksi paimen.

¹⁷ מטל הנא אבי רחם לי דאנא סאם אנא נפשי
sieluni minä annan minä että minua armahtaa isäni tämä tähden

דתוב אסביה:
sen otan taas että

Tämän tähden minun isäni armahtaa minua, että minä annan oman sieluni, että sen taas otan.

¹⁸ לא הוא אנש שקל לה מני אלא אנא סאם אנא לה
sen minä annan minä vaan minusta hänelle ota ihminen ole ei

מן צביני שליט אנא גיר דאסימיה ושליט אנא דתוב
taas että minä valta ja sen antaa että sillä minä valta tahdostani

אסביה דהנא פוקדנא קבלת מן אבי:
isästäni vastaanottanut käsky tämän sen otan

Ei kukaan ota sitä minulta, vaan minä annan sen omasta tahdostani, sillä minulla on lupa antaa se, ja minulla on valta taas ottaa se. Tämän käskyn minä olen isältäni ottanut vastaan.

¹⁹ והות תוב פלגותא ביני יהודיא מטל מלא הלין:
nämä sanat tähden Jehudia keskuudessa jakaantuminen taas oli ja

Ja taas juutalaisten keskuudessa oli kahtiajako näiden sanojen tähden.

²⁰ ואמרין הוו סגיאא מנהון דדיוא אית לה ומשנא שנא
hullu sekoileva ja hänelle on riivaaja että heistä monet olivat sanoivat ja

מנא שמעין אנתון לה:
hänelle te kuulette miksi

Ja monet heistä sanoivat, että hänessä on riivaaja, ja hän on sekoileva hullu, miksi te häntä kuulette?

²¹ אחרנא דין אמרין הוו הלין מלא לא הוי דדיונא למא
onko riivatun ole ei sanat nämä olivat sanoivat mutta toiset

דיוא משכח עינא דסמיא למפתחו:
avaamaan sokean silmät pystyy(kö) demoni

Johanneksen evankeliumi

Mutta toiset sanoivat, "nämä eivät ole riivatun sanoja. Pystyykö demoni avaamaan sokean silmät?"

²² הוא דין עאדא דחודתא באורשלם וסתוא הוא:

        oli   talvi ja Jerusalemissa vihkimisen juhla mutta oli

Mutta Jerusalemissa oli se vihkimisen juhla, ja oli talvi.

²³ ומהלך הוא ישוע בהיכלא באסטוא דשלימון:

     Shlimon'n   käytävässä temppelissä Jeshua oli kulkemassa ja

Ja Jeshua oli kulkemassa temppelissä, Shlimon'in pylväskäytävässä.

²⁴ וחדרוהי יהודיא ואמרין לה עדמא לאמתי נסב אנת

     sinä pidätät mille saakka hänelle sanoivat ja Jehudia hänet ympäröi ja

נפשן אן אנת הו משיחא אמר לן גליאית:

      avoimesti meille sano Messias hän sinä jos sielumme

Ja juutalaiset ympäröivät hänet, ja sanoivat hänelle, "mihin saakka sinä pidättelet meidän sielujamme? Jos sinä olet hän, Messias, sano se meille avoimesti!"

²⁵ ענא ישוע ואמר להון אמרת לכון ולא מהימנין אנתון

    te   uskotte ei ja teille sanonut heille sanoi ja Jeshua vastasi

ועבדא דאנא עבד אנא בשמה דאבי הנון סהדין עלי:

    ylleni todistavat nämä   isäni nimessään minä teen minä jotka   teot ja

Jeshua vastasi ja sanoi heille, "minä olen sanonut teille, ja te ette usko, ja ne teot, jotka minä teen minun isäni nimessä, nämä todistavat minusta."

²⁶ אלא אנתון לא מהימנין אנתון מטל דלא הויתון

    olette ei että koska   te   uskotte ei   te   vaan

מן ערבי איכנא דאמרת לכון:

      teille sanoin että kuten lampaistani

Vaan te ette usko, koska te ette ole minun lampaistani, niin kuin minä olen teille sanonut.

²⁷ ערבא דילי קלי שמעין ואנא ידע אנא להון

    heille minä tunnen minä ja kuulevat ääneni minun jotka lampaat

Luku 10

Johanneksen evankeliumi

והנון אתין בתרי:
perässäni tulevat nämä ja

Minun lampaani kuulevat minun ääneni, ja minä tunnen heidät, ja nämä tulevat minun perässäni.

²⁸ואנא יהב אנא להון חיא דלעלם ולא נאבדון לעלם
ikuisuudelle menehtyvät eikä iankaikkinen elämä heille minä annan minä ja

ולא אנש נחטוף אנון מן אידי:
kädestäni heitä ryöstävä ihminen eikä

Ja minä annan heille iankaikkisen elämän, eivätkä he tuhoudu, iankaikkisesti, eikä kukaan ryöstä heitä minun kädestäni.

²⁹אבי גיר דיהב לי מן כל רב הו ולא אנש משכח
pysty ihminen eikä hän suuri kaikesta minulle antoi joka sillä isäni

דמן אידה דאבי נחטוף:
tempaava isäni kädestään että

Sillä minun isäni, joka antoi heidät minulle, on kaikkia suurempi, eikä kukaan pysty tempaamaan heitä pois minun isäni kädestä.

³⁰אנא ואבי חד חנן:
me yksi isäni ja minä

Minä ja minun isäni, me olemme yksi.

³¹ושקלו תוב יהודיא כאפא למרגמה:
häntä kivittämään kivet Jehudia taas ottivat ja

Ja juutalaiset poimivat taas kiviä, kivittääkseen hänet.

³²אמר להון ישוע סגיאא עבדא שפירא מן לות אבי חויתכון
teille osoitin isäni luota kauniit teot monet Jeshua heille sanoi

מטל אינא עבדא מנהון רגמין אנתון לי:
minulle te kivitätte heistä teot sellainen tähden

Jeshua sanoi heille, "minä osoitin teille monia kauniita tekoja, minun isäni luota, mikä niistä teoista oli sellainen, että sen tähden te kivitätte minut?"

Johanneksen evankeliumi

Luku 10

³³ אמרין לה יהודיא לא הוא מטל עבדא שפירא רגמין
. kivitämme   kauniit   teot   tähden   ole ei   Jehudia hänelle sanoivat

חנן לך אלא מטל דמגדף אנת וכד איתיך בר אנשא עבד
teet ihminen poika sinussa kun ja sinä pilkkasi että koska vaan sinulle me

אנת נפשך אלהא:
Jumala   sielusi   sinä

Juutalaiset sanoivat hänelle, "emme me sinua kauniiden tekojen tähden kivitä, vaan koska sinä pilkkasit, ja vaikka olet ihmisen poika, sinä teet sielusi Jumalaksi!"

³⁴ אמר להון ישוע לא הוא הכנא כתיב בנמוסכון דאנא
. minä että sanassanne kirjoitettu siten ole eikö Jeshua heille sanoi

אמרת דאלהא אנתון:
te   Jumala että   sanoin

Jeshua sanoi heille, "eikö ole kirjoitettu sillä tavalla siinä teidän kirjoitetussa sanassanne, että 'minä sanoin, että te kaikki olette jumalia'?"

Peshitta psalmi 82 lainaus menee muuten tarkasti tämän mukaan, mutta siellä דאלהין, toinen monikkomuoto. Midrash Rabbah Bereshit selittää jakeen *elohim* merkitsevän tuomareita ja muita vallanpitäjiä.

³⁵ אן להנון אמר אלהא מטל דלותהון הות מלתא
. sana oli heidän luonaan että koska Jumala sanoo näille jos

דאלהא ולא משכח כתבא דנשתרא:
tuhoutuva että kirjoitukset pysty eikä Jumalan

Jos Jumala sanoo niin näille – koska se Jumalan sana oli heidän luonaan, eikä kirjoituksia voi tehdä tyhjäksi,

³⁶ לאינא דאבא קדשה ושדרה לעלמא אנתון אמרין אנתון
. te   sanoitte   te   maailmalle lähetti ja hänet pyhitti isä jonka sellaiselle

דמגדף אנת על דאמרת לכון דברה אנא דאלהא:
Jumalan minä poikansa että teille sanoin että ylle sinä pilkkaat että

Sanotteko te sellaiselle, jonka isä on pyhittänyt ja lähettänyt maailmaan, että "sinä pilkkaat", kun olen sanonut teille, että minä olen Jumalan poika?

Luku 10

Johanneksen evankeliumi

37 אלא עבד אנא עבדא דאבי לא תהימנונני:
minua uskoisitte ette isäni teot minä tee ellen

Ellen tee minun isäni tekoja, älkää uskoko minua.

38 אן דין עבד אנא אפן לי לא מהימנין אנתון להון לעבדא
teoille näille te uskotte ette minulle vaikka minä teen mutta jos

הימנו דתדעון ותהימנון דאבי בי ואנא באבי:
isässäni minä ja minussa isäni että uskoisitte ja tuntisitte että uskokaa

Mutta jos minä teen, vaikka te ette minuun uskoisikaan, näitä tekoja, uskokaa, että tuntisitte ja uskoisitte, että minun isäni on minussa ja minä olen isässäni.

39 ובעו הוו תוב דנאחדוניהי ונפק לה מן בית אידיהון:
heidän kätensä keskuudesta hänelle poistui ja hänet kiinniottamaan että taas olivat etsivät ja

Ja he etsivät taas hänen kiinniottamistaan, ja hän meni pois heidän käsistään.

40 ואזל לה לעברא דיורדנן לדוכתא איכא דאיתוהי הוא יוחנן
Johannan oli se on joka sellainen paikalle Jordanan'n ylitykselle sille meni ja

מן קדים כד מעמד הוא והוא תמן:
siellä oli ja oli kastoi kun ensimmäisestä

Ja hän meni Jordanan'in toiselle puolelle, sellaiselle paikalle, jossa Johannan oli ollut alussa kastamassa, ja hän oli siellä.

41 ואתו אנשא סגיאא לותה ואמרין הוו דיוחנן אף לא חדא
yksi ei myös Johannan että olivat sanoivat ja luokseen paljon ihmisiä tuli ja

אתא עבד כלמדם דין דאמר יוחנן על גברא הנא שריר הו:
se totuus tämä mies ylle Johannan sanoi että mutta asia kaikki teki merkki

Ja ihmisiä tuli paljon hänen luokseen, ja he sanoivat, että "Johannan ei tehnyt yhtäkään merkkiä, mutta kaikki, mitä Johannan sanoi tästä miehestä, se on totuutta."

42 וסגיאא הימנו בה:
hänessä uskoivat monet ja

Ja monet uskoivat häneen.

Johanneksen evankeliumi

Luku 11

11:1 אית הוא דין חד דכריה לעזר מן בית־עניא קריתא
        kylä   Beit-Ania'sta   Lazar sairas joka yksi mutta   oli *(akk.)*

אחוה דמרים ודמרתא:
    Martha'n ja Mirjam'n veljensä

Mutta oli yksi sairas, Lazar, Beit-Ania'sta, Mirjamin ja Marthan kylästä.

2 מרים דין הדא איתיה הי דמשחת בבסמא רגלוהי דישוע
  Jeshua'n   jalkansa voiteessa voiteli joka hän   se tämä mutta Mirjam

ושוית בסערה אחוה הוא דהדא לעזר דכריה הוא:
    oli sairas joka Lazar tämän oli veljensä hiuksissaan pyyhki ja

Mutta tämä Mirjam oli se, joka voiteli yrttivoiteella Jeshuan jalat, ja pyyhki ne hiuksillaan. Hän oli tämän Lazar'n veli, joka oli sairas.

3 ושדרין תרתיהין אחותה לות ישוע ואמרן מרן הא
  katso herramme sanoivat ja Jeshua luokse sisarensa   kaksi lähettivät ja

הו דרחם אנת כריה:
  sairas sinä ystävä joka hän

Ja he kaksi sisarusta lähettivät Jeshuan luokse sanan, ja sanoivat, "meidän Herramme, katso, hän, joka on ystäväsi, on sairas."

4 ישוע דין אמר הנא כורהנא לא הוא דמותא אלא חלף
  puolesta vaan kuoleman ole ei   sairaus tämä sanoi mutta Jeshua

תשבוחתא דאלהא דנשתבח ברה דאלהא מטלתה:
    tähtensä Jumalan poikansa kirkastettava että   Jumalan   kirkkaus

Mutta Jeshua sanoi, "tämä sairaus ei ole kuoleman, vaan Jumalan kirkkauden puolesta, että sen tähden kirkastetaan Jumalan poika."

5 מחב הוא דין הו ישוע למרתא ולמרים וללעזר:
    Lazar'lle ja Mirjam'lle ja Martha'lle Jeshua hän mutta oli rakasti

Mutta hän, Jeshua, rakasti Marthaa ja Mirjamia ja Lazar'ia.

6 וכד שמע דכריה כתר בדוכתא דאיתוהי הוא תרין יומין:
    päivät kaksi oli   se on joka paikassa viipyi sairas että kuuli kun ja

Ja hänen kuullessaan, että hän oli sairas, hän viipyi siinä paikassa kaksi päivää.

Luku 11

Johanneksen evankeliumi

⁷ וּבָתַרְכֵּן אֲמַר לְתַלְמִידוֹהִי תּוּ נֵאזַל תּוּב לִיהוּד:
    Jehud'lle taas menevä tulkaa   oppilailleen sanoi niiden jälkeen ja

Ja niiden jälkeen hän sanoi oppilailleen, tulkaa, menkäämme taas Juudeaan.

⁸ אָמְרִין לֵהּ תַּלְמִידוֹהִי רַבַּן הָשָׁא יְהוּדָיֵא בָּעֵין הֲווֹ לְמִרְגְּמָךְ
   sinut kivittämään oli etsivät juutalaiset   nyt rabbimme oppilaansa hänelle sanoivat

וְתוּב אָזֵל אַנְתְּ לְתַמָּן:
    sinne sinä menet taas ja

Hänen oppilaansa sanoivat hänelle, "meidän rabbimme, nyt juutalaiset etsivät sinun kivittämistäsi, ja taasko sinä menet sinne?"

⁹ אֲמַר לְהוֹן יֵשׁוּעַ לָא תַּרְתַּעֶסְרֵא שָׁעִין אִית בְּיוֹמָא וְאֵן אֲנָשׁ
 ihminen jos ja päivässä on   hetket   kaksitoista eikö Jeshua heille sanoi

מְהַלֵּךְ בְּאִימָמָא לָא מִתְתְּקֵל מֶטֻּל דְּחָזֵא נוּהְרֵהּ דְּעָלְמָא הָנָא:
 tämä maailman valkeutensa näkee että koska kompastu ei   päivässä vaellus

Jeshua sanoi heille, "eikö päivässä ole kaksitoista hetkeä? Ja jos joku vaeltaa päivällä, hän ei kompastu, koska hän näkee tämän maailman valkeuden."

¹⁰ אֵן אֲנָשׁ דֵּין בְּלֵילְיָא נְהַלֵּךְ מִתְתְּקֵל מֶטֻּל דְּנַהִירָא לַיְת בֵּהּ:
 hänessä ei ole valkeus että koska kompastuu vaeltava yössä mutta ihminen jos

Mutta jos joku vaeltaa yöllä, hän kompastuu, koska hänessä ei ole valkeutta.

¹¹ הָלֵין אֲמַר יֵשׁוּעַ וּבָתַרְכֵּן אֲמַר לְהוֹן לָעָזָר רָחְמַן שְׁכֵב
  lepää (haudassa) ystävämme Lazar heille sanoi niiden jälkeen ja Jeshua   sanoi nämä

אֶלָּא אָזֵל אֲנָא דְּאַעִירִיוֹהִי:
    hänet herätän että minä menen vaan

Jeshua sanoi nämä, ja niiden jälkeen hän sanoi heille, "ystävämme Lazar lepää, vaan minä menen herättämään hänet."

Tätä sanaa lepäämisestä käytetään rabbiinisessa kirjallisuudessa ainoastaan haudassa lepäämisestä ja ylösnousemukseen liittyvien asioiden yhteydessä.

¹² אָמְרִין לֵהּ תַּלְמִידוֹהִי מָרַן אֵן דָּמֵךְ מִתְחְלֶם:
   parantuu nukkuu että jos herramme oppilaansa hänelle sanoivat

Hänen oppilaansa sanoivat hänelle, "meidän Herramme, jos hän nukkuu, hän paranee."

Johanneksen evankeliumi

Luku 11

¹³ הו דין ישוע אמר על מותה והנון סברו דעל מדמכא
. mutta hän Jeshua sanoi kuolemastaan ja nämä toivoiva että nukkumisesta

הו דשנתא אמר:
se unen puhui

Mutta hän, Jeshua, puhui hänen kuolemastaan, ja nämä luulivat, että hän puhui unen nukkumisesta.

¹⁴ הידין אמר להון ישוע פשיקאית לעזר מית לה:
. silloin sanoi heille Jeshua suorasti Lazar kuoli hänelle

Silloin Jeshua sanoi heille suoraan, "Lazar on kuollut."

¹⁵ וחדא אנא דלא הוית תמן מטלתכון דתהימנון אלא
. ja iloitsen minä etten ollut siellä teidän tähtenne että uskoisitte vaan

הלכו לתמן:
sinne kulkekaa

Ja minä iloitsen, etten ollut siellä, teidän tähtenne, että te uskoisitte. Vaan vaeltakaa sinne.

¹⁶ אמר תאומא דמתאמר תאמא לתלמידא חברוהי
. sanoi Thoma joka kutsuttu kaksonen oppilaille seuralaisensa

נאזל אף חנן נמות עמה:
menkäämme myös me kuolkaamme kanssaan

Thoma, jota kutsuttiin kaksoseksi, sanoi niille muille oppilaille, "menkäämme mekin, kuolkaamme hänen kanssaan."

¹⁷ ואתא ישוע לבית־עניא ואשכח דארבעא לה יומין
. ja tuli Jeshua Beit-Ania'lle ja havaitsi että neljä hänelle päivät

דאיתוהי בבית קבורא:
joka on se huoneessa hauta

Ja Jeshua tuli Beit-Ania'an ja havaitsi, että hän on ollut jo neljä päivää hautahuoneessa.

¹⁸ איתיה הות דין בית־עניא על גנב אורשלם כד פריקא
. se oli *(akk.)* mutta Beit-Ania yllä sivu Jerusalem kun erossa

מנה איך אסטדותא חמשתעסר:
siitä kuin stadion-mittaa viisitoista

Luku 11

Johanneksen evankeliumi

Mutta se, Beit-Ania, oli Jerusalemin vierellä, noin viidentoista stadion-mitan päässä.

¹⁹ וסגיאא מן יהודיא אתיאין הוו לות מרתא ומרים דנמלון
täyttäisivät että Mirjam ja Martha luokse olivat tulivat Jehudia'sta monet ja

בלבהין מטל אחוהין:
veljensä tähden sydämissään

Ja monet juutalaisista olivat tulleet Marthan ja Mirjamin luokse, lohduttaakseen, heidän veljensä tähden.

²⁰ מרתא דין כד שמעת דישוע אתא נפקת לאורעה
tielleen lähti tullut Jeshua että kuuli kun mutta Martha

מרים דין בביתא יתבא הות:
oli istui talossa mutta Mirjam

Mutta kun Martha kuuli, että Jeshua oli tullut, hän lähti häntä vastaan, mutta Mirjam istui siinä talossa.

²¹ ואמרת מרתא לישוע מרי אלו תנן הוית לא מאת
kuoli ei olit siellä jos herrani Jeshualle Martha sanoi ja

הוא אחי:
veljeni ole

Ja Martha sanoi Jeshualle, "minun Herrani, jos sinä olisit ollut siellä, minun veljeni ei olisi kuollut."

²² אלא אף השא ידעא אנא דכמא דתשאל לאלהא יהב לך:
sinulle antaa Jumalalle pyytäisit että montako että minä tiedän nyt myös vaan

Vaan myös nyt minä tiedän, että kuinka paljonkin pyydät Jumalalta, hän antaa sen sinulle.

²³ אמר לה ישוע קאם אחוכי:
veljesi nousee Jeshua hänelle sanoi

Jeshua sanoi hänelle, "sinun veljesi nousee."

²⁴ אמרא לה מרתא ידעאנא דקאם בנוחמא ביומא אחריא:
viimeinen päivässä ylösnousemuksessa nousee että minä tiedän Martha hänelle sanoi

Johanneksen evankeliumi — Luku 11

Martha sanoi hänelle, "minä tiedän, että hän nousee siinä ylösnousemuksessa, viimeisenä päivänä."

25 אמר לה ישוע אנא אנא נוחמא וחיא מן דמהימן
uskoo joka elämä ja ylösnousemus minä minä Jeshua hänelle sanoi

בי אפן נמות נחא:
elävä kuoleva jos vaikka minussa

Jeshua sanoi hänelle, "minä, minä olen ylösnousemus ja elämä. Joka uskoo minuun, tulee elämään, vaikka kuolisi."

26 וכל דחי ומהימן בי לעלם לא נמות מהימנתי הדא:
tämä sinä uskot kuoleva ei iankaikkisesti minussa uskoo ja elää joka kaikki ja

Ja jokainen, joka elää ja uskoo minuun, ei ole kuoleva, iankaikkisesti. Uskotko sinä tämän?

27 אמרא לה אין מרי אנא מהימנא אנא דאנת הו משיחא
Messias hän sinä että minä uskon minä herrani kyllä hänelle sanoi

ברה דאלהא דאתא לעלמא:
maailmalle tullut joka Jumalan poikansa

Hän sanoi hänelle, "kyllä, minun Herrani. Minä uskon, että sinä olet hän, Messias, Jumalan poika, joka on tullut maailmaan."

28 וכד אמרת הלין אזלת קרת למרים חתה כסיאית
salaisesti sisarensa Mirjam'n kutsui meni nämä sanonut kun ja

ואמרא לה רבן אתא וקרא לכי:
sinulle kutsui ja tullut rabbimme hänelle sanoi ja

Ja kun hän oli sanonut nämä, hän meni, kutsui sisarensa Mirjamin, salaisesti, ja sanoi hänelle, "meidän rabbimme on tullut ja kutsui sinua."

29 ומרים כד שמעת קמת עגל ואתיא הות לותה:
luokseen oli tuli ja pian nousi kuuli kun Mirjam ja

Ja Mirjam sen kuullessaan nousi nopeasti, ja tuli hänen luokseen.

30 הו דין ישוע לא עדכיל אתא הוא לקריתא אלא בה הוא
oli siinä vaan kylälle oli tullut vielä ei Jeshua mutta hän

Luku 11

Johanneksen evankeliumi

בהי דוכתא דארעתה מרתא:
siinä   paikka   jossa tiellään   Martha

Mutta hän, Jeshua, ei ollut vielä tullut siihen kylään, vaan oli siinä paikassa, jossa Martha oli hänet kohdannut.

³¹ אף הנון דין יהודיא דאית הוו עמה בביתא דמביאין הוו
olivat lohduttivat jotka talossa kanssaan olivat *(akk.)* jotka Jehudia mutta nämä myös

לה דחזו למרים דעגל קמת נפקת אזלו להון בתרה סברו
toivoivat perässään heille menivät pois lähti nousi heti että Mirjam'lle näki että hänelle

גיר דלקברא אזלא למבכא:
itkemään meni haudalle että sillä

Mutta myös nämä juutalaiset, jotka olivat hänen kanssaan siinä talossa, jotka lohduttivat häntä, näkivät, että Mirjam nousi nopeasti, lähti pois, he menivät hänen perässään, sillä he luulivat, että hän meni haudalle itkemään.

³² הי דין מרים כד אתת איכא דאיתוהי הוא ישוע
Jeshua oli se on että missä tuli kun Mirjam mutta hän

וחזתה נפלת על רגלוהי ואמרא לה אלו תנן הוית מרי
herrani olit siellä jos hänelle sanoi ja jalkojensa ylle lankesi hänet näki ja

לא מאת הוא אחי:
veljeni oli kuollut ei

Mutta hän, Mirjam, kun tuli sinne, missä Jeshua oli ja näki hänet, hän lankesi hänen jalkoihinsa ja sanoi hänelle, "minun Herrani, jos olisit ollut siellä, minun veljeni ei olisi kuollut!"

³³ ישוע דין כד חזה דבכיא וליהודיא הנון דאתו עמה דבכין
itkivät että kanssaan tulivat jotka nämä juutalaisille ja itki että hän näki kun mutta Jeshua

אתעזז ברוחה ואזיע נפשה:
sielunsa vapisi ja hengessään likuttui

Mutta Jeshua nähdessään, että hän itki, ja nämä juutalaiset, jotka tulivat hänen kanssaan, että he itkivät, liikuttui hengessään ja hänen sielunsa vapisi.

³⁴ ואמר איכא סמתוניהי ואמרין לה מרן תא חזי:
näe tule herramme hänelle sanoivat ja hänet laitoitte missä sanoi ja

Ja sanoi, "minne te hänet laitoitte?" Ja he sanoivat hänelle, "meidän Herramme, tule katsomaan."

Johanneksen evankeliumi

Luku 11

35
ואתין הוי דמעוהי דישוע:
Jeshuan kyyneleensä voi! tulivat ja

Ja voi, Jeshuan kyyneleet tulivat!

36
ואמרין הוו יהודיא חזו כמא רחם הוא לה:
hänelle oli ystävä montako nähkää juutalaiset olivat sanoivat ja

Ja juutalaiset sanoivat, "katsokaa, kuinka rakas hän oli hänelle!"

37
אנשין דין מנהון אמרו לא משכח הוא הנא דפתח עינוהי
silmänsä avasi joka tämä ole pysty ei sanoivat heistä mutta ihmiset
דהו סמיא נעבד דאף הנא לא נמות:
kuoleva ei tämä myös että tekevä sokea hän joka

Mutta jotkut heistä sanoivat, "eikö tämä, joka avasi sen sokean silmät, olisi pystynyt tekemään niin, ettei tämäkään olisi kuollut?"

38
ישוע דין כד מתעזז בינוהי ולה אתא לבית קבורא והו בית
huone se ja hauta huoneelle tuli hänelle ja itsessään liikuttui kun mutta Jeshua
קבורא איתוהי הוא מערתא וכאפא סימא הות על תרעה:
porttinsa päällä oli asetettu kivi ja luola oli se *(akk.)* hauta

Mutta Jeshua oli liikuttuneena itsessään, ja tuli sille hautahuoneelle, ja se hautahuone oli luolassa, ja kivi oli laitettu sen portin ylle.

39
ואמר ישוע שקולו כאפא הדא אמרא לה מרתא חתה דהו
hänen sisarensa Martha hänelle sanoi tämä kivi poistakaa Jeshua sanoi ja
מיתא מרי מן כדו סרי לה ארבעא לה גיר יומין:
päivät sillä hänelle neljä hänelle mätänee tästä herrani kuollut

Ja Jeshua sanoi, "poistakaa tämä kivi." Martha, hänen sisarensa, sanoi hänelle, "hän on kuollut, Herrani; alkanut mätänemään, sillä hän on jo neljättä päivää!"

40
אמר לה ישוע לא אמרת לכי דאן תהימנין תחזין
näkisit uskoisit jos että sinulle sanonut enkö Jeshua hänelle sanoi
שובחה דאלהא:
Jumalan kirkkautensa

Luku 11

Johanneksen evankeliumi

Jeshua sanoi hänelle, "enkö minä sanonut sinulle, että jos uskoisit, sinä tulisit näkemään Jumalan kirkkauden?"

41

ושקלו כאפא הי והו ישוע אריס עינוהי לעל ואמר
ja poistivat kivi se ja hän Jeshua kohotti silmänsä ylhäälle ja sanoi

אבא מודא אנא לך דשמעתני:
isä kiitän minä sinulle että kuulit minua

Ja he poistivat sen kiven, ja hän, Jeshua, kohotti silmänsä ylös, ja sanoi, "isä, minä kiitän sinua, että sinä minua kuulit,"

42

ואנא ידע אנא דבכלזבן שמע אנת לי אלא מטל כנשא
ja minä tiedän minä että kaikessa ajat kuulet sinä minulle vaan tähden kansa

הנא דקאם אמר אנא הלין דנהימנון דאנת שדרתני:
tämä joka seisoo sanon minä nämä että uskoisivat että sinä lähettänyt minut

Ja minä tiedän, että sinä koko ajan kuulet minua. Vaan tämän kansan tähden, joka seisoo, minä sanon nämä, että nämä uskoisivat, että sinä olet minut lähettänyt.

43

וכד אמר הלין קעא בקלא רמא לעזר תא לבר:
ja kun sanoi nämä huusi äänessä korkea Lazar tule ulkopuoli

Ja kun hän sanoi nämä, hän huusi korkealla äänellä, "Lazar, tule ulkopuolelle!"

44

ונפק הו מיתא כד אסירן אידוהי ורגלוהי בפסקיתא
ja tuli ulos hän kuollut kun sidotut kätensä ja jalkansa ympärillä

ואפוהי אסירן בסודרא אמר להון ישוע שראוהי ושבוקו אזל:
ja kasvonsa sidottu käärinliinassa sanoi heille Jeshua vapauttakaa ja päästäkää mennä

Ja hän, kuollut, tuli ulos, kädet ja jalat sidottuina ympäriinsä, ja kasvot sidottu käärinliinalla. Jeshua sanoi heille, "vapauttakaa hänet ja antakaa hänen mennä."

45

וסגיאא מן יהודיא דאתו לות מרים כד חזו מדם
ja monet juutalaisista jotka tulivat luokse Mirjam kun näkivät asia

דעבד ישוע הימנו בה:
jota teki Jeshua uskoivat hänessä

Ja monet niistä juutalaisista, jotka tulivat Mirjam'n luokse, kun näkivät, mitä Jeshua teki, uskoivat häneen.

Johanneksen evankeliumi

Luku 11

⁴⁶ וְאֱנָשִׁין מִנְהוֹן אֲזַלוּ לְוָת פְּרִישָׁא וֶאֱמַרוּ לְהוֹן מִדָּם
    asia heille sanoivat ja fariseukset luokse menivät heistä ihmiset ja

דַּעֲבַד יֵשׁוּעַ:
Jeshua teki jota

Ja jotkut heistä menivät fariseusten luokse, ja sanoivat heille, mitä Jeshua teki.

⁴⁷ וְאֶתְכַּנַּשׁוּ רַבַּי כָּהֲנָא וּפְרִישֵׁא וֶאֱמָרִין הֲווֹ מָנָא נֶעְבֵּד
    tekevä mitä olivat sanoivat ja fariseukset ja papit suuret kokoontuivat ja

דְּהָנָא גַבְרָא אָתְוָתָא סַגִּיאָתָא עָבֵד:
tekee asia paljon merkit mies tämä että

Ja papiston johtajat ja fariseukset kokoontuivat ja sanoivat, "mitä tekisimme, kun tämä mies tekee niin monenlaisia merkkejä?"

⁴⁸ וְאֶן שָׁבְקִין חֲנַן לֵהּ הָכַנָא כֻּלְּהוֹן אֱנָשָׁא מְהַיְמְנִין בֵּהּ
    hänessä uskovat ihmiset he kaikki siten hänelle me sallimme jos ja

וְאָתֵין רֻהוֹמָיֵא שָׁקְלִין אַתְרַן וְעַמַּן:
kansamme ja asemamme poistavat roomalaiset tulevat ja

Ja jos me sallimme sen hänelle, sillä tavallahan kaikki ihmiset uskovat häneen, ja roomalaiset tulevat ja ottavat meiltä pois meidän asemamme ja meidän kansamme!

⁴⁹ חַד דֵּין מִנְהוֹן דִּשְׁמֵהּ קַיָּפָא רַב כָּהֲנָא הוּא דְּהִי שַׁנְתָּא
    vuoden sen oli pappi suuri Kaifa nimensä jonka heistä mutta yksi

וֶאֱמַר לְהוֹן אַנְתּוּן לָא יָדְעִין אַנְתּוּן מִדָּם:
asia te tiedätte ei te heille sanoi ja

Mutta yksi heistä, jonka nimi oli Kaifa, oli sen vuoden ylipappi ja hän sanoi heille, "te ette tiedä mitään."

⁵⁰ וְלָא מֶתְחַשְׁבִין אַנְתּוּן דְּפַקָּח לָן דְּחַד גַּבְרָא נְמוּת חֲלָף
    puolesta kuoleva mies yksi että meille hyötyä että te suunnittelette eikä

עַמָּא וְלָא כֻּלֵּהּ עַמָּא נֵאבַד:
hukkuva kansa kaikkensa eikä kansa

Etteko te osaa suunnitella, että meille on hyötyä siitä, että yksi mies tulee kuolemaan kansan puolesta, eikä siitä, että koko kansa tuhoutuu?

Luku 11

Johanneksen evankeliumi

51 הדא דין מן צבות נפשה לא אמר אלא מטל דרב כהנא
    pappi suuri että koska vaan sanoi ei sielunsa tahdostaan mutta tämä

הוא דהי שנתא אתנבי דעתיד הוא ישוע דנמות חלף עמא:
kansa puolesta kuoleva että Jeshua oli tuleva että profetoi vuoden sen oli

Mutta tätä hän ei sanonut oman sielunsa tahdosta, vaan koska hän oli sen vuoden ylipappi, hän profetoi, että Jeshua oli tuleva kuolemaan kansan puolesta.

52 ולא בלחוד חלף עמא אלא דאף בניא דאלהא
    Jumalan lapset myös että vaan kansa puolesta yksin eikä

דמבדרין נכנש לחדא:
yhdelle kokoava hajotetut jotka

Eikä yksin sen kansan puolesta, vaan että hän myös kokoaisi yhteen ne Jumalan lapset, jotka ovat hajallaan.

53 ומן הו יומא אתחשבו הוו דנקטלוניהי:
    hänet tappaisivat että olivat suunnitelleet päivä siitä ja

Ja siitä päivästä lähtien he olivat suunnitelleet, että he tappaisivat hänet.

54 הו דין ישוע לא מהלך הוא גליאית בית יהודיא אלא אזל
    meni vaan Jehudia huone avoimesti oli vaeltanut ei Jeshua mutta hän

לה מן תמן לאתרא דקריב לחורבא לכרכא דמתקרא אפרים
Efraim kutsuttu joka linnoitukselle Hooreb'lle lähellä joka alueelle sieltä hänelle

ותמן מתהפך הוא עם תלמידוהי:
oppilaidensa kanssa oli kääntyneenä siellä ja

Mutta hän, Jeshua, ei ollut vaeltamassa avoimesti juutalaisten huoneessa, vaan hän meni sieltä sille alueelle, joka on lähellä Hooreb'ia, linnoitukselle, jota kutsutaan "Efraim", ja siellä hän oli asettuneena oppilaidensa kanssa.

55 קריב הוא דין פצחא דיהודיא וסלקו סגיאא מן קוריא
    kylistä monet nousivat ja Jehudia'n pääsiäinen mutta oli lähellä

לאורשלם קדם עדעדא דנדכון נפשהון:
sielunsa puhdistavat että juhla lähellä Jerusalemille

Mutta juutalaisten pääsiäinen oli lähellä, ja monet nousivat kylistä Jerusalemiin sen juhlan lähellä, puhdistaakseen heidän sielunsa.

Luku 11

Johanneksen evankeliumi

⁵⁶ ובעין הוו לה לישוע ואמרין הוו חד לחד בהיכלא מנא
     mitä temppelissä yhdelle yksi olivat sanoivat ja Jeshualle hänelle olivat etsivät ja

סברין אנתון דלא אתא לעדעדא:
    juhlalle tullut etteikö te toivotte

Ja häntä, Jeshuaa, etsittiin, ja temppelissä sanottiin toinen toiselleen, "mitä luulette, eikö hän tule juhlaan?"

⁵⁷ רבי כהנא דין ופרישא פקדו הוו דאן אנש נדע איכו
    missä tietävä ihminen jos että olivat määräsivät fariseukset ja mutta papit suuret

נבדק להון איך דנאחדוניהי:
    hänet kiinniottaisivat että kuin heille näyttäisi

Mutta papiston johtajat ja fariseukset käskivät, että jos joku tietäisi, missä hän on, hän näyttäisi heille, että saisivat hänet otetuksi kiinni.

Luku 12

Johanneksen evankeliumi

12:1 יֵשׁוּעַ דֵּין קֳדָם שִׁתָּא יוֹמִין דְּפֶצְחָא אֶתָא לְבֵית־עַנְיָא
Beit-Ania'lle tuli pääsiäinen joka päivät kuusi ennen mutta Jeshua

אַיכָּא דְּאִיתוֹהי הוָא לָעָזָר הו דַּאקִים מֵן בֵּית מִיתָא הו יֵשׁוּעַ:
Jeshua hän kuolleet huoneesta nosti jonka hän Lazar oli se on joka missä

Mutta kuusi päivää ennen pääsiäistä Jeshua tuli Beit-Ania'lle, sinne, jossa oli Lazar, hän, jonka hän, Jeshua, nosti kuolleista.

² וַעֲבַדו לֵה תַּמָּן חשָׁמִיתָא וּמָרתָּא משַׁמשָׁא הוָת וְלָעָזָר
Lazar ja oli palveli Martha ja ateria siellä hänelle tekivät ja

חַד מֵן סמִיכָא הוָא דְעַמֵה:
kanssaan oli aterioitsevista yksi

Ja he tekivät siellä hänelle sen aterian, ja Martha oli palvelemassa, ja Lazar oli yksi niistä hänen kanssaan aterioitsevista.

³ מַריַם דֵּין שֶׁקלַת שָׁטִיפתָּא דְּבֶסמָא דְּנַרדִּין רִשָׁיָא סַגִּי
paljon paras nardion'n voiteen alabasteripullo ottanut mutta Mirjam

דְּמַיָּא וּמֶשׁחַת רֶגלַוהי דְּיֵשׁוּעַ וְשַׁוִּית בְּסַערָה רֶגלַוהי
jalkansa hiuksissaan pyyhki ja Jeshuan jalkansa voiteli ja arvokas

וְאֶתמְלִי בַּיתָּא מֵן רִיחֵה דְּבֶסמָא:
voiteen tuoksustaan huone täyttynyt ja

Mutta Mirjam oli ottanut alabasteripullon parasta nardion-voidetta, hyvin arvokas, ja hän voiteli Jeshuan jalat, ja kuivasi hänen jalkansa hiuksillaan, ja se huone oli täynnä sen voiteen tuoksua.

⁴ וֶאמַר יִהוּדָא סכַריוֹטָא חַד מֵן תַּלמִידַוהי הו דַּעתִיד
tuleva joka hän oppilaistaan yksi Skariota Jehuda sanoi ja

הוָא דְּנַשׁלְמִיוהי:
hänet pettäisi että oli

Ja sanoi Jehuda Skariota, yksi hänen oppilaistaan, hän, joka oli tuleva pettämään hänet;

⁵ לְמָנָא לָא אֶזדַּבַּן מֶשׁחָא הָנָא בַּתלָת מָאא דִּינָרִין
dinarit sata kolmessa tämä voide myyty ei miksi

וְאֶתִיהֶב לְמֶסכְּנָא:
köyhille annettu ja

Miksi tätä voidetta ei myyty kolmellasadalla dinarilla, ja annettu köyhille?

114

Luku 12

Johanneksen evankeliumi

⁶ הָדָא דֵּין אֱמַר לָא הוּא מֶטֻל דְּעַל מֶסְכְּנֵא בְּטִיל הוּא
    oli huolena köyhät ylle että koska ollut ei sanoi mutta tämä .

לֵה אֶלָא מֶטֻל דְּגַנָּבָא הוּא וַגלוֹסֻקמָא לוָתֵה הוּא וּמֶדֶּם
asia ja oli luonaan raha-astia ja oli varas että koska vaan hänelle

דְּנָפֵל הוּא בָּה הוּ טָעֵין הוּא:
    oli kantoi hän siinä oli putosi jota

Mutta tätä hän ei sanonut siksi, että hänellä olisi ollut huoli köyhistä, vaan koska hän oli varas, ja se rahakukkaro oli hänen luonaan, ja mitä siihen putosi, sen hän vei.

⁷ אֱמַר דֵּין יֵשׁוּע שְׁבוּקֵיה לְיוֹמָא דְּקבוּרי נֶטרְתָה:
    sen varjeli hautaamiseni päivälle hänet jättäkää Jeshua mutta sanoi .

Mutta Jeshua sanoi, "antakaa hänen olla. Hän säästi sitä minun hautaamiseni päivää varten."

⁸ בְּכֻלזבַן גֵּיר מֶסְכְּנֵא אִית לְכוֹן עַמְכוֹן לִי דֵּין
    mutta minulle kanssanne teille on köyhät sillä ajat kaikessa .

לָא בְּכֻלזבַן אִית לְכוֹן:
    teille on ajat kaikessa ei

Sillä köyhät teillä on kanssanne koko ajan, mutta minua teillä ei ole koko ajan.

⁹ וּשׁמַעוּ כֶּנשָׁא סַגִּיאָא מִן יְהוּדָיֵא דְּתַמָּן הוּ יֵשׁוּע
    Jeshua hän siellä että juutalaisista monet kansa kuulivat ja .

וֵאתַו לָא מֶטֻל יֵשׁוּע בַּלחוּד אֶלָא אָף דְּנֶחזוֹן לְלָעָזָר
Lazar'lle näkisivät että myös vaan yksin Jeshua tähden ei tulivat ja

הַו דְּאָקִים מִן בֵּית מִיתֵא:
    kuolleet huoneesta nousi joka hän

Ja suuri joukko juutalaisista kuuli, että Jeshua oli siellä, ja he tulivat, ei ainoastaan Jeshuan tähden, vaan myös että näkisivät Lazar'n, hänet, joka nousi kuolleista.

¹⁰ וֵאתרַעִיו הוַו רַבַּי כָּהנֵא דְּאָף לְלָעָזָר נֶקטְלוּנָיהי:
    hänet tappaisivat Lazar'lle myös että papit suuret olivat ajattelivat ja .

Ja papiston johtajat ajattelivat, että tappaisivat myös Lazar'n,

¹¹ מֶטֻל דְּסַגִּיאֵא מִן יְהוּדָיֵא מֶטֻלָתֵה אָזִלין הוַו
    olivat menivät hänen tähtensä Jehudiasta monet että koska .

Luku 12

Johanneksen evankeliumi

ומהימנין בישוע:
Jeshuassa uskoivat ja

koska monet juutalaisista hänen tähtensä olivat menossa sinne ja uskoivat Jeshuaan.

¹²וליומא אחרנא כנשא סגיאא אינא דאתא הוא לעדעדא
juhlalle   oli tuli joka sellainen   monet   kansa   seuraava   päivälle ja

כד שמעו דישוע אתא לאורשלם:
Jerusalemille tullut Jeshua että kuulivat kun

Ja seuraavana päivänä oli paljon kansaa, jotka olivat tulleet sille juhlalle, kun he kuulivat, että Jeshua oli tullut Jerusalemiin,

¹³שקלו סוכא דדקלא ונפקו לאורעה וקעין הוו ואמרין
sanoivat ja olivat huusivat ja   tiellään menivät ja palmujen   oksat   ottivat

אושענא בריך הו דאתא בשמה דמריא מלכא דאיסריל:
Israelin kuningas   Herran nimessään tulee joka   hän siunattu   "hoosianna"

ottivat he palmujen oksia, ja menivät häntä vastaan ja huusivat ja sanoivat, "Ooshanna, siunattu hän, joka tulee Herran nimessä, Israelin kuningas!"

¹⁴אשכח דין ישוע חמרא ויתב עלוהי איכנא דכתיב:
kirjoitettu joka samoin   ylleen   istui ja aasi Jeshua mutta   löysi

Mutta Jeshua löysi aasin, ja istui sen ylle siten, kuten kirjoitettu on;

¹⁵לא תדחלין ברת צהיון הא מלככי אתא לכי
sinulle tulee kuninkaasi katso Tshion tytär   pelätkö älkää

ורכיב על עילא בר אתנא:
aasin tamma nuori   aasi yllä ratsastaa ja

Älkää pelätkö, tytär Tshion, katso, sinun kuninkaasi tulee sinulle ja ratsastaa aasilla, aasintamman varsalla.

¹⁶הלין דין לא ידעו תלמידוהי בהו זבנא אלא כד
kun vaan   aika siinä   oppilaansa tienneet   ei mutta   nämä

אשתבח ישוע אתדכרו תלמידוהי דהלין כתיבן הוי
olivat kirjoitetut nämä että   oppilaitaan muistutettiin Jeshua   kirkastettu

עלוהי והלין עבדו לה:
hänelle tekivät nämä ja   ylleen

116

Johanneksen evankeliumi

Mutta hänen oppilaansa eivät tienneet näitä siihen aikaan, vaan kun Jeshua oli kirkastettu, hänen oppilaitaan muistutettiin, että nämä olivat kirjoitetut hänestä, ja nämä tehtiin hänelle.

17
וסהד הוא כנשא הו דעמה הוא דקרא ללעזר
        Lazar'lle kutsui että oli kanssaan joka hän kansa oli todisti ja

מן קברא ואקימה מן בית מיתא:
kuolleet huoneesta hän nosti ja haudasta

Ja se kansa, joka oli hänen kanssaan, todisti, että hän oli kutsunut Lazar'n haudasta ja nostanut hänet kuolleista.

18
ומטל הדא נפקו לקובלה כנשא סגיאא דשמעו
kuulivat että monet kansa häntä vastaan lähtivät tämä tähden ja

דאתא הדא עבד:
teki tämä merkin

Ja tämän tähden paljon kansaa lähti häntä vastaan, sillä he kuulivat, että hän oli tehnyt tämän merkin.

19
פרישא דין אמרין הוו חד לחד חזין אנתון דלא מותרין
hyödytte ei että te näette yhdelle yksi olivat sanoivat mutta fariseukset

אנתון מדם דהא עלמא כלה אזל לה בתרה:
perässään hänelle menee kaikkensa maailma katso että asia te

Mutta fariseukset sanoivat toinen toiselleen, "ettekö näe, ettei tästä ole teille mitään hyötyä? Sillä katso, koko maailma menee hänen perässään."

20
אית הוו דין אף מן עממא אנשא בהון דסלקו
nousivat jotka heissä ihmiset kansoista myös mutta olivat *(akk.)*

למסגד בעדעדא:
juhlassa palvomaan

Mutta siellä oli myös muista kansoista ihmisiä, jotka nousivat sille juhlalle, palvomaan.

21
הלין אתו קרבו לות פיליפוס הו דמן בית־צידא דגלילא
Galilean Beit-Tsaida'sta joka hän Filippus luokse lähestyivät tulivat nämä

ושאלוהי ואמרין לה מרי צבין חנן נחזא לישוע:
Jeshualle näkevä me tahdomme herrani hänelle sanoivat ja häntä pyysivät ja

Luku 12

Nämä tulivat, lähestyivät Filippusta, häntä, joka oli Galilean Beit-Tsaida'sta, ja pyysivät häntä ja sanoivat hänelle, "herrani, me tahdomme nähdä Jeshuan."

²² ואתא הו פיליפוס ואמר לאנדראוס ואנדראוס
Andreos ja   Andreos'lle   sanoi ja   Filippus   hän   tuli ja

ופיליפוס אמרו לישוע:
Jeshualle   sanoivat   Filippus ja

Ja Filippus tuli ja sanoi Andreos'lle, ja Andreos ja Filippus sanoivat Jeshualle.

²³ ישוע דין ענא ואמר להון אתת שעתא דנשתבח
kirkastettava että   hetki   tullut   heille   sanoi ja vastasi mutta   Jeshua

ברה דאנשא:
ihmisen   poikansa

Mutta Jeshua vastasi ja sanoi heille, "on tullut se hetki, että Ihmisen Poika kirkastetaan."

²⁴ אמין אמין אמר אנא לכון דפרדתא דחטתא אלא
ellei   vehnän   jyvä että   teille   minä   sanon   amen   amen

נפלא ומיתא בארעא בלחודיה פישא אן דין מיתא
kuolee mutta jos   pysyy   se yksin   maassa   kuolee ja putoaa

פארא סגיאא מיתיא:
tuottaa   paljon hedelmää

Amen, amen, minä sanon teille, että ellei vehnän jyvä putoa ja kuole maahan, se jää yksin, mutta jos se kuolee, se tuottaa paljon hedelmää.

²⁵ מן דרחם נפשה נובדיה ומן דסנא נפשה בעלמא הנא
tämä   maailmassa   sielunsa   inhoaa joka ja   sen tuhoava   sielunsa   ystävä joka

נטריה לחיא דלעלם:
iankaikkinen elämälle sen varjeleva

Joka rakastaa sieluaan, on sen tuhoava, ja joka inhoaa sieluaan tässä maailmassa, on varjeleva sen iankaikkista elämää varten.

²⁶ אן לי אנש משמש נאתא בתרי ואיכא דאנא איתי
olen minä että missä ja perässäni tulkoon palvelee ihminen minulle jos

תמן נהוא אף משמשני מן דלי משמש ניקריוהי אבא:
isä häntä kunnioittava   palvelee minulle joka minua palvelee   myös   oleva   siellä

Johanneksen evankeliumi — Luku 12

Jos joku palvelee minua, tulkoon minun perässäni, ja missä minä olen, siellä myös hän on oleva minua palvelemassa. Joka palvelee minua, häntä isä kunnioittaa.

27 הֹשָׁא נפשׁי הא שׁגישׁא ומנא אמר אבי פצני מן הדא
   nyt   sieluni katso ahdistettu ja mistä sanoi isäni pelasta minut tästä

שׁעתא אלא מטל הנא אתית להדא שׁעתא:
hetki vaan tähden tämä tullut tälle hetki

Katso, nyt minun sieluni on murheellinen, ja mistä puhuisin? Minun isäni, pelasta minut tästä hetkestä – vaan tämän tähden minä olen tähän hetkeen tullutkin.

28 אבא שׁבח שׁמך וקלא אשׁתמע מן שׁמיא שׁבחת
   isä kirkasta nimesi ja ääni kuultiin taivaista kirkastanut

ותוב משׁבח אנא:
ja taas kirkastan minä

"Isä, kirkasta nimesi!" Ja taivaista kuultiin ääni, "minä olen sen kirkastanut, ja minä vielä kirkastan sen!"

29 וכנשׁא דקאם הוא שׁמעו ואמרין רעמא הוא
   ja kansa joka seisoi oli kuulivat ja sanoivat ukkonen oli

אחרנא דין אמרין מלאכא מלל עמה:
toiset mutta sanoivat enkeli puhui kanssaan

Ja kansa, joka oli seisomassa, kuuli ja sanoi, "se oli ukkonen", mutta toiset sanoivat, "enkeli puhui hänen kanssaan".

30 ענא ישׁוע ואמר להון לא הוא מטלתי הוא קלא
   vastasi Jeshua ja sanoi heille ei oli minun tähteni oli ääni

הנא אלא מטלתכון:
tämä vaan teidän tähtenne

Jeshua vastasi ja sanoi heille, "ei tämä ääni ollut minun tähteni, vaan teidän tähtenne."

31 הֹשָׁא דינה הו דעלמא הנא הֹשָׁא ארכונא דעלמא
   nyt tuomionsa se maailman tämä nyt ruhtinas maailman

הנא משׁתדא לבר:
tämä heitetään ulkopuoli

Nyt on se tämän maailman tuomio. Nyt tämän maailman ruhtinas heitetään ulkopuolelle.

Luku 12

Johanneksen evankeliumi

³² וֶאֶנָא מָא דֶאֶתּתְרִימֶת מִן אַרעָא אַגֵד כֻּלנָשׁ לוָתִי׃
luokseni jokainen vedän   maasta minut kohotettu että kun minä ja

Ja kun minut on kohotettu maasta, minä vedän jokaisen minun luokseni.

³³ הָדֵא דֵּין אֶמַר דּנחַוֵא בַּאינָא מַותָּא מָאֵת׃
kuolee kuolema millaisessa osoittaisi että sanoi mutta tämä

Mutta tämän hän sanoi osoittaakseen, millaisen kuoleman kautta hän kuolee.

³⁴ אָמרִין לֵה כֵּנשֵׁא חנַן שׁמַען מִן נָמוּסָא דַּמשִׁיחָא
Messias että   sanasta kuulleet me   kansa hänelle sanoivat

לעָלַם מקַוֵא אַיכַּנָא אָמַר אַנתּ דַּעתִיד הוּ דּנֵתּתְרִים
kohotetaan että hän tuleva että   sinä   sanoit kuinka pysyy iankaikkisesti

בּרֵה דּאנָשָׁא מַנוּ הָנָא בּרֵה דּאנָשָׁא׃
ihmisen poikansa tämä kuka ihmisen poikansa

Kansa sanoi hänelle, "me olemme kuulleet kirjoitetusta sanasta, että Messias pysyy iankaikkisesti. Kuinka sinä sanoit, että hän on tuleva, että Ihmisen Poika korotettaisiin,- kuka on tämä Ihmisen Poika?"

³⁵ אֶמַר להוּן יֵשׁוּע קַלִיל אחרִין זַבנָא נוּהרָא עַמכוּן הוּ
hän kanssanne valkeus aika   toiset vähän Jeshua heille sanoi

הַלֵכוּ עַד אִית לכוּן נוּהרָא דּלָא חֶשׁוּכָא נַדרכּכוּן
teitä valtaisi pimeys ettei valkeus teille on saakka vaeltakaa

וּמַן דַּמהַלֵך בּחֶשׁוּכָא לָא יָדַע לאַיכָּא אָזֵל׃
menee   mihin tiedä ei pimeydessä   vaellus jonka ja

Jeshua sanoi heille, "vähän aikaa vielä se valkeus on teidän kanssanne. Vaeltakaa, kun teillä on valkeus, ettei pimeys saisi teitä valtaansa, ja jonka vaellus on pimeydessä, ei hän tiedä, minne on menossa."

³⁶ עַד אִית לכוּן נוּהרָא הַימֵנוּ בּנוּהרָא דַּבנַוהי דּנוּהרָא
valkeuden lapsensa että valkeudessa uskokaa valkeus teille on kunnes

תֶּהווּן הָלֵין מַלֵל יֵשׁוּע וֵאזַל אֵטּשִׁי מֵנהוּן׃
heistä   kätkeytyi meni ja Jeshua puhui nämä   olisitte

"Kun valkeus on teillä, uskokaa siihen valkeuteen, että olisitte valkeuden lapsia!" Nämä Jeshua puhui, ja meni, kätkeytyi heiltä.

Johanneksen evankeliumi

Luku 12

37

וכד הלין כלהין אתותא עבד קדמיהון לא הימנו בה:

kun ja nämä ne kaikki merkit teki heidän edessä ei uskoneet hänessä

Ja kun hän teki ne kaikki merkit heidän edessään – eivät he uskoneet häneen!

38

דתתמלא מלתא דאשעיא נביא דאמר מרי מנו

että täyttyisi sana Ishaia'n profeetta joka sanoi herrani kuka

הימן לשמען ודרעה דמריא למן אתגלי:

uskoo kuulemamma ja käsivartensa Herran kenelle paljastettu

Että täyttyisi profeetta Ishaia'n sana, joka sanoi, "minun Herrani, kuka uskoo kuulemamme, ja kenelle se Herran käsivarsi on paljastettu?"

39

מטל הנא לא משכחין הוו דנהימנון מטל

tähden tämä ei pystyneet olivat että uskoisivat koska

דתוב אמר אשעיא:

että taas sanoo Ishaia

Tämän tähden he eivät pystyneetkään uskomaan, koska Ishaia sanoo vielä;

40

דעורו עיניהון ואחשכו לבהון דלא נחזון בעיניהון

että sulkeneet silmänsä ja pimentyneet sydämensä ettei näkisivät silmissään

ונסתכלון בלבהון ונתפנון ואסא אנון:

ja ymmärtäisi sydämissään ja kääntyisi ja parannan heidät

Että "he ovat sulkeneet silmänsä ja pimentäneet sydämensä, etteivät näkisi silmillään, ja ymmärtäisi sydämillään, ja kääntyisi, ja ettei heitä paranneta.

41

הלין אמר אשעיא כד חזא שובחה ומלל עלוהי:

nämä sanoi Ishaia kun näki kirkkautensa ja puhui hänestä

Ishaia sanoi nämä, kun hän näki hänen kirkkautensa, ja hän puhui hänestä.

42

אף מן רשא דין סגיאא הימנו בה אלא מטל

myös johtajista mutta monet uskoivat hänessä vaan tähden

פרישא לא מודין הוו דלא נהוון לבר מן כנושתא:

fariseukset ei tunnustivat olivat ettei olisivat ulkopuoli kokouspaikasta

Mutta myös johtajista monet uskoivat häneen, vaan fariseusten tähden eivät tunnustaneet, etteivät olisi joutuneet kokouspaikan ulkopuolelle.

Johanneksen evankeliumi

⁴³ רחמו גיר שובחא דבנינשא יתיר מן שובחה דאלהא:
Jumalan ylistystään enemmän ihmislasten ylistys sillä rakastivat

Sillä he rakastivat ihmisten kunniaa enemmän kuin Jumalan kunniaa.

⁴⁴ ישוע דין קעא ואמר מן דמהימן בי לא הוא בי
minussa ole ei minussa uskoo joka sanoi ja huusi mutta Jeshua

מהימן אלא במן דשדרני:
minut lähetti jossa vaan uskoo

Mutta Jeshua huusi ja sanoi, "joka uskoo minuun, ei usko minuun, vaan häneen, joka minut lähetti!"

⁴⁵ ומן דלי חזא חזא למן דשדרני:
minut lähetti jolle nähnyt nähnyt minulle joka ja

Ja joka on nähnyt minut, on nähnyt hänet, joka lähetti minut.

⁴⁶ אנא נוהרא אתית לעלמא דכל מן דמהימן בי
minussa uskoo joka kaikki että maailmalle tullut valkeus minä

לא נקוא בחשוכא:
pimeydessä pysyvä ei

Minä olen se maailmaan tullut valkeus, että jokainen, joka uskoo minuun, ei jäisi pimeyteen.

⁴⁷ ומן דשמע מלי ולא נטר להין אנא לא דאן אנא
minä tuomitse en minä heille varjelee eikä sanani kuulee joka ja

לה לא גיר אתית דאדון לעלמא אלא דאחא לעלמא:
maailmalle elävöittää että vaan maailmalle tuomitsemaan tullut sillä en hänelle

Ja joka kuulee minun sanani ja pitää ne, minä en häntä tuomitse, sillä minä en ole tullut tuomitsemaan maailmaa, vaan tekemään maailmaa eläväksi.

⁴⁸ מן דטלם לי ולא מקבל מלי אית מן דדאן לה מלתא
sana hänelle tuomitsee joka on sanani vastaanottaa eikä minulle hylkää joka

דמללת הי דינא לה ביומא אחריא:
viimeinen päivässä hänelle tuomitsee se puhunut jota

Johanneksen evankeliumi

Luku 12

Joka hylkää minut, eikä ota vastaan sanaani, hänellä on se sana, joka tuomitsee, se, jonka minä olen puhunut, se tuomitsee hänet siinä viimeisessä päivässä.

49
דאנא מן נפשי לא מללת אלא אבא דשדרני
. että minä sielustani en puhunut vaan isä joka lähetti minut

הו יהב לי פוקדנא מנא אמר ומנא אמלל:
hän antoi minulle käsky mitä sanon ja mitä lausun

En minä ole omasta sielustani puhunut, vaan isä joka minut lähetti, hän antoi minulle käskyn, mitä sanoa ja mitä puhua.

50
וידע אנא דפוקדנה חיא אנון דלעלם אילין הכיל דממלל
. ja minä tiedän että käskynsä elämät ovat iankaikkinen ne sen tähden jota puhun

אנא איכנא דאמר לי אבי הכנא ממלל אנא:
minä samoin että sanoi minulle isäni siten puhun minä

Ja minä tiedän, että hänen käskynsä on iankaikkinen elämä, sen tähden ne, joita minä puhun, minä sanon ne niin kuin minun isäni ne sanoi; siten minä puhun.

Luku 13

Johanneksen evankeliumi

13:1 קדם דין עאדא דפצחא ידע הוא ישוע דמטת שעתא
   ennen mutta juhla pääsiäisen tiesi oli Jeshua että saapunut hetki
דנשנא מן הנא עלמא לות אבוהי ואחב לדילה דבהנא
   että tästä kohoava maailma isänsä luokse ja rakasti omilleen joka tässä
עלמא ועדמא לחרתא אחב אנון:
   maailma ja saakka lopulle rakasti heitä

Mutta ennen pääsiäisen juhlaa Jeshua tiesi, että se hetki oli tullut, että hän on kohoava tästä maailmasta isänsä luokse, ja hän rakasti niitä omiaan, jotka ovat tässä maailmassa, ja hän rakasti heitä loppuun saakka.

² וכד הות חשמיתא רמא הוא לה לסטנא בלבה
   ja kun oli ateria heitti oli hänelle saatanan sydämessään
דיהודא בר שמעון סכריוטא דנשלמיוהי:
   Jehuda'n poika Shimeon Skariota joka pettävä hänet

Ja kun oli se ateria, nousi saatana Jehudan, Shimeon Skariotan pojan, sydämeen, hänen, joka oli hänet pettävä.

³ הו דין ישוע מטל דידע הוא דכל מדם יהב אבא באידוהי
   hän mutta Jeshua koska että tiesi oli että kaikki asia antoi isä käsissään
ודמן אלהא נפק ולות אלהא אזל:
   ja joka Jumalasta lähti ja Jumala luokse menee

Mutta koska hän, Jeshua, tiesi, että isä antoi kaiken hänen käsiinsä, ja että hän oli Jumalasta lähtenyt ja on menossa Jumalan luokse,

⁴ קם מן חשמיתא וסם נחתוהי ושקל סדונא מחא בחצוהי:
   nousi ateriasta ja poisti viittansa ja otti pyyhe sitoi vyötärössään

Nousi hän siltä aterialta, ja otti viittansa pois ja sitoi pyyhkeen vyötärölleen,

⁵ וארמי מיא במשגתא ושרי למשגו רגלא דתלמידוהי
   ja nosti vesi pesuastiassa ja alkoi pesemään jalat oppilaidensa
ומשוא הוא בסדונא דמחא בחצוהי:
   ja pyyhki oli pyyhkeessä jonka sitonut vyötärössään

Otti hän astiaan vettä ja alkoi pesemään oppilaidensa jalkoja, ja kuivaamaan sillä pyyhkeellä, jonka oli sitonut vyötärölleen.

Johanneksen evankeliumi

Luku 13

⁶ כד דין אתא לות שמעון כאפא אמר לה שמעון
. Shimeon hänelle sanoi Keefa Shimeon luokse tuli mutta kun

אנת מרי רגלי משיג אנת לי:
minulle sinä peset jalkani herrani sinä

Mutta kun hän tuli Shimeon Keefa'n luokse, Shimeon sanoi hänelle, "minun Herrani, sinäkö peset minun jalkani?"

⁷ ענא ישוע ואמר לה מדם דעבד אנא אנת לא ידע
tiedät et sinä minä teen jota asia hänelle sanoi ja Jeshua vastasi

אנת השא בתרכן דין תדע:
tietävä mutta näiden jälkeen nyt sinä

Jeshua vastasi ja sanoi hänelle, "sitä, mitä minä teen, sinä et nyt tiedä, mutta näiden jälkeen sinä tulet tietämään."

⁸ אמר לה שמעון כאפא לעלם לא משיג אנת לי רגלי אמר
sanoi jalkani minulle sinä pese et ikinä Keefa Shimeon hänelle sanoi .

לה ישוע אן לא משיג אנא לך לית לך עמי מנתא:
osaa kanssani sinulle ei ole sinulle minä pesen ei jos Jeshua hänelle

Shimeon Keefa sanoi hänelle, "sinä et pese minun jalkojani, iankaikkisesti!" Jeshua sanoi hänelle, "jos minä en pese sinua, sinulla ei ole osaa minun kanssani."

⁹ אמר לה שמעון כאפא מדין מרי לא בלחוד רגלי
jalkani yksin ei herrani siis Keefa Shimeon hänelle sanoi .

תשיג לי אלא אף אידי אף רשי:
pääni myös käteni myös vaan minulle pese

Shimeon Keefa sanoi hänelle, "minun Herrani, älä siis pese ainoastaan jalkojani, vaan myös käteni ja pääni!"

¹⁰ אמר לה ישוע הו דסחא לא סניק אלא רגלוהי בלחוד נשיג
pesee yksin jalkansa vaan tarvitse ei kylpenyt joka hän Jeshua heille sanoi .

כלה גיר דכא הו אף אנתון כלכון דכיא אנתון אלא לא כלכון:
te kaikki ei vaan te puhtaat te kaikki te myös hän puhdas sillä kaikkensa

Jeshua sanoi heille, "hän, joka on kylpenyt, ei tarvitse pestä kuin jalkansa, sillä hän on kokonaan puhdas. Myös te olette kaikki puhtaat, vaan ei kaikki..."

Luku 13

Johanneksen evankeliumi

¹¹ יָדַע הוּא גִיר יֵשׁוּעַ לְהוּ דְמַשׁלֵם לֵהּ מֶטֻל הָנָא אֵמַר
    sanoi tämä tähden hänelle pettää joka hänelle Jeshua sillä oli tiesi .

דְלָא הוּא כֻּלכוֹן דְכָיָא אַנתּוֹן:
    te puhtaat te kaikki ole ettei

Sillä Jeshua tiesi hänet, joka hänet pettää, tämän tähden hän sanoi, että 'ette ole kaikki puhtaita'.

¹² כַּד דֵין אַשִׁיג רֶגלַיהוֹן שְׁקַל נַחתּוֹהי וֵאסתְּמֵך וֵאמַר לְהוֹן
    heille sanoi ja aterioi ja viittansa otti jalkansa pessyt mutta kun .

יָדעִין אנתּוֹן מָנָא עֶבדֵּת לְכוֹן:
    teille tehnyt mitä te tiedätte

Mutta kun hän oli pessyt heidän jalkansa, hän otti viittansa ja aterioi ja sanoi heille, "te tiedätte, mitä minä olen teille tehnyt."

¹³ אַנתּוֹן קָרֵין אנתּוֹן לִי רַבַּן וּמָרַן וְשַׁפִּיר אָמרִין
    sanoivat kaunis ja herramme ja rabbimme minulle te kutsutte te .

אִיתַי גֵּיר אֶנָא:
    sillä olen te

Te kutsutte minua, "meidän rabbimme", ja "meidän Herramme", ja kauniisti te sanotte, sillä sitä minä olen.

¹⁴ אֵן אֵנָא הָכִיל מָרכוֹן וְרַבְּכוֹן אַשִׁיגֵת לְכוֹן רֶגלַיכּוֹן כְּמָא
    montako jalkanne teille pessyt rabbinne ja herranne sen tähden minä jos .

אַנתּוֹן חַיָבִין אנתּוֹן דּתַשִׁיגוּן רֶגלָא חַד דְּחַד:
    yhden yksi jalat pesisitte että te velvolliset te

Sen tähden, jos minä, joka olen teidän Herranne ja teidän rabbinne, olen pessyt teidän jalkanne, kuinka paljon te olettekaan velvolliset pesemään toinen toistenne jalkoja!

¹⁵ הָנָא גֵּיר טוּפסָא יֶהבֵּת לְכוֹן דַּאיכַנָא דֵּאנָא עֶבדֵּת
    tehnyt minä että samoin että teille antanut esimerkki sillä tämä .

לְכוֹן אָף אַנתּוֹן תֵּעבְּדוּן:
    tekisitte te myös teille

Sillä tämän esimerkin minä olen antanut teille, että samoin, kuin minä olen tehnyt teille, myös te tekisitte.

Johanneksen evankeliumi

¹⁶ אמין אמין אמר אנא לכון דלית עבדא דרב מן מרה
   herrastaan suurempi työntekijä eikä ole teille minä sanon amen amen

ולית שליחא דרב מן מן דשדרה:
hänet lähetti joka kuin suuri joka lähetetty ei ole ja

Amen, amen, minä sanon teille, ettei työntekijä ole herraansa suurempi, eikä lähetetty suurempi lähettäjäänsä.

¹⁷ אן הלין תדעון טובנא אנתון אן תעבדון אנין:
   niitä tekisitte jos te siunatut tuntisitte nämä jos

Jos te nämä tuntisitte, olisitte siunattuja, jos niitä tekisitte.

¹⁸ לא הוא על כלכון אמר אנא ידע אנא גיר לאילין דגבית
   valitsin jonka niille sillä minä tiedän minä sanon te kaikki ylle ole ei

אלא דכתבא נשלם דהו דאכל עמי לחמא ארים עלי עקבה:
kantapäänsä ylleni kohottanut leipää kanssani syö joka hän että täyttyvä kirjoitus että vaan

En minä teistä kaikista sitä sano, sillä minä tunnen ne, jotka minä olen valinnut, vaan että täyttyisi se kirjoitus, että "hän, joka syö leipää minun kanssani, on kohottanut kantapäänsä minua vastaan".

¹⁹ מן השא אמר אנא לכון מן קדם דנהוא דמא דהוא
   oli että kun että oleva että edestä teille minä sanon nyt –sta

תהימנון דאנא אנא:
minä minä että uskoisitte

Tästä alkaen minä puhun teille edeltä, että kun ne tapahtuvat, te uskoisitte, että minä, minä olen.

²⁰ אמין אמין אמר אנא לכון דמן דמקבל למן דמשדר
   lähetän jonka kenelle vastaanottaa joka että teille minä sanon amen amen

אנא לי מקבל ומן דלי מקבל מקבל למן דשדרני:
minut lähetti joka kenelle vastaanottaa vastaanottaa minulle joka ja vastaanottaa minulle minä

Amen, amen, minä sanon teille, että joka ottaa vastaan hänet, jonka minä lähetän, ottaa vastaan minut, ja joka ottaa vastaan minut, hän ottaa vastaan hänet, joka lähetti minut.

²¹ הלין אמר ישוע ואתעזז ברוחה ואסהד ואמר אמין אמין
   amen amen sanoi ja todisti ja hengessään järkyttyi ja Jeshua sanoi nämä

Luku 13

Johanneksen evankeliumi

אמר אנא לכון דחד מנכון נשלמני:
minut pettävä teistä yksi että teille minä sanon

Jeshua sanoi nämä, ja hän vapisi hengessään, ja todisti ja sanoi, "amen, amen, minä sanon teille, että yksi teistä on minut pettävä."

²² חרו דין תלמידא חד בחד מטל דלא ידעין הוו
oli tiennyt ettei koska yhdessä yksi oppilaat mutta katselivat
דעל מנו אמר:
sanoi kenestä ylle että

Mutta oppilaat katselivat toinen toisiaan, koska he eivät tienneet, että kenestä hän sen sanoi.

²³ אית הוא דין מן תלמידוהי חד דסמיך הוא בעובה
sylissään oli aterioi joka yksi oppilaistaan mutta oli *(akk.)*
הו דרחם הוא לה ישוע:
Jeshua hänelle oli rakas että hän

Mutta siellä oli yksi hänen oppilaistaan, joka aterioi hänen sylissään, hän, joka oli Jeshualle rakas.

²⁴ להנא רמז שמעון כאפא דנשאליוהי דמנו הו דאמר עלוהי:
ylleen sanoi että hän kuka että häntä kysyvä että Keefa Shimeon viittoi tälle

Shimeon Keefa viittoi tälle, että kysyisi häneltä, että kenestä hän sen sanoi.

²⁵ ונפל הו תלמידא על חדיה דישוע ואמר לה מרי מנו הנא:
tämä kuka herrani hänelle sanoi ja Jeshuan rintansa päälle oppilas hän lankesi ja

Ja hän, se oppilas, lankesi Jeshuan rinnan päälle ja sanoi hänelle, "minun Herrani, kuka tämä on?"

²⁶ ענא ישוע ואמר הו הו דצבע אנא לחמא יהב אנא לה
hänelle minä annan leipää minä kastan joka se hän sanoi ja Jeshua vastasi
וצבע ישוע לחמא ויהב ליהודא בר שמעון סכריוטא:
Skariota Shimon poika Jehuda'lle antoi ja leipä Jeshua kastoi ja

Jeshua vastasi ja sanoi, "hän on se, jolle minä kastan leipää, hänelle minä annan", ja Jeshua kastoi leivän antoi Jehudalle, Shimon Skariotan pojalle.

Johanneksen evankeliumi

Luku 13

²⁷ וּבָתַר לַחְמָא הָידֵין אֶתְעַלַּל בָּה סָטָנָא וֶאֱמַר לָהּ יֵשׁוּעַ מֶדֶם
           asia Jeshua hänelle sanoi ja satana hänessä sisällä silloin leipä jälkeen ja

דְּעָבֵד אַנְתְּ עֲבֵד בַּעֲגַל:
äkisti tee sinä teet että

Ja sen leivän jälkeen, silloin, oli satana hänessä sisällä, ja Jeshua sanoi hänelle, "mitä sinä teet, tee pian."

²⁸ הָדֵא דֵּין לָא אֲנָשׁ יְדַע מֶן הָנוֹן סְמִיכָא דְּעַל מָנָא אֶמַר לָהּ:
tämä mutta ei ihminen tiennyt näistä aterioi että ylle miksi puhui hänelle

Mutta ei kukaan tiennyt näistä aterioivista, että miksi hän hänelle sen sanoi.

²⁹ אֲנָשִׁין גֵּיר סָבְרוּ מֶטֻּל דְּגַלּוּסְקְמָא צֵאדוֹהִי הוּא דִּיהוּדָא
ihmiset sillä toivoivat koska että rahakukkaro mukanaan oli Jehuda'n

דְּמַפְקֵד פָּקֵד לָהּ דְּנֶזְבֶּן מֶדֶם דְּמִתְבְּעֵא לְעַדְעֵדָא אוֹ דְּנֶתֶּל
että käskien käski hänelle että ostava asia jota etsitty juhlalle tai että antava

מֶדֶם לְמִסְכְּנָא:
asia köyhille

Sillä ihmiset luulivat – koska Jehuda'lla oli rahakukkaro mukanaan – että hän hän käskemällä käski häntä ostamaan jotain juhlalle kaivattua, tai että antaisi jotain köyhille.

³⁰ הוּ דֵּין יְהוּדָא נְסַב לַחְמָא בַּר שָׁעֲתֵהּ וּנְפַק לָהּ לְבַר לֵלְיָא
      yö ulkopuoli sille poistui ja silmänräpäyksessä leipä otti Jehuda mutta hän

הוּ דֵּין כַּד נְפַק:
poistui kun mutta oli

Mutta hän, Jehuda, otti sen leivän siinä hetkessä, ja poistui ulos. Mutta oli yö, kun hän poistui.

³¹ וֶאֱמַר יֵשׁוּעַ הָשָׁא אֶשְׁתַּבַּח בְּרֵהּ דְּאֲנָשָׁא וַאֱלָהָא
      Jumala ja ihmisen poikansa kirkastetaan nyt Jeshua sanoi ja

אֶשְׁתַּבַּח בֵּהּ:
hänessä kirkastetaan

Ja Jeshua sanoi, "nyt Ihmisen Poika kirkastetaan, ja Jumala kirkastetaan sen kautta."

Johanneksen evankeliumi

³² ואן אלהא אשתבח בה ואף אלהא משבח לה בה
hänessä hänelle kirkastaa Jumala myös ja hänessä kirkastettu Jumala jos ja

ומחדא משבח לה:
hänelle kirkastaa heti ja

Ja jos Jumala on hänen kauttaan kirkastettu, Jumala kirkastaa hänet hänen kauttaan, ja hän kirkastaa hänet heti.

³³ בני קליל אחרין עמכון אנא ותבעונני ואיכנא דאמרת
sanoin että samoin ja minua etsitte ja minä kanssanne toiset vähän lapseni

ליהודיא דלאיכא דאנא אזל אנא אנתון לא משכחין אנתון
te pystytte ette te minä menen minä että minne että Jehudia'lle

למאתא ואף לכון אמר אנא השא:
nyt minä sanon teille myös ja tulemaan

Minun lapseni, vielä vähän minä olen teidän kanssanne, ja te tulette etsimään minua, ja samoin, kuin olen sanonut juutalaisille, että minne minä menen, sinne te ette voi tulla, ja sen minä sanon nyt teillekin.

³⁴ פוקדנא חדתא יהב אנא לכון דהויתון מחבין חד לחד
yhdelle yksi rakkautenne olisitte että teille minä annan uusi käsky

איכנא דאנא אחבתכון אף אנתון תחבון חד לחד:
yhdelle yksi rakastaisitte te myös teitä rakastanut minä että samoin

Uuden käskyn minä annan teille, että teillä olisi rakkaus toinen toistanne kohtaan. Samoin kuin minä olen rakastanut teitä, myös te rakastakaa toinen toistanne.

³⁵ בהדא נדע כל אנש דתלמידי אנתון אן חובא נהוא
oleva rakkaus jos te oppilaani että ihminen kaikki tietävä tämän kautta

בכון חד לות חד:
yksi luokse yksi teissä

Tämän kautta jokainen ihminen tulee tietämään, että te olette minun oppilaitani, jos teissä on se rakkaus toinen toistanne kohtaan.

³⁶ אמר לה שמעון כאפא מרן לאיכא אזל אנת ענא ישוע
Jeshua vastasi sinä menet minne herramme Keefa Shimeon hänelle sanoi

ואמר לה לאיכא דאזל אנא לא משכח אנת דתאתא
tuleva että nyt sinä pysty et minä menen että minne hänelle sanoi ja

Luku 13

Johanneksen evankeliumi

בתרי לחרתא דין תאתא:
    tuleva mutta   lopulle perässäni

Shimeon Keefa sanoi hänelle, "meidän Herramme, minne sinä menet?" Jeshua vastasi ja sanoi hänelle, "minne minä menen, sinä et voi nyt tulla minun perässäni. Mutta siinä lopussa sinä olet tuleva."

³⁷ אמר לה שמעון כאפא מרי למנא לא משכח אנא דאתא
   tulen että minä   pysty en miksi herrani Keefa Shimeon hänelle sanoi

בתרך השא נפשי חלפיך סאם אנא:
   minä annan puolestasi sieluni   nyt perässäsi

Shimeon Keefa sanoi hänelle, "minun Herrani, miksi en voi nyt tulla sinun perässäsi? Minähän annan sielunikin sinun puolestasi!"

³⁸ אמר לה ישוע נפשך חלפי סאם אנת אמין אמין אמר אנא
   minä sanon amen   amen   sinä annat puolestani sielusi Jeshua hänelle sanoi

לך דלא נקרא תרנגלא עדמא דתכפור בי תלת זבנין:
   kerrat kolme minussa kieltävä että   kunnes   kukko kutsuva ettei sinulle

Jeshua sanoi hänelle, "sinäkö annat sielusi minun puolestani? Amen, amen, minä sanon sinulle, että kukko ei kutsu, ennen kuin olet kieltänyt minut kolme kertaa."

Johanneksen evankeliumi

14:1 לא נתדוד לבכון הימנו באלהא ובי הימנו:
uskokaa minussa ja Jumalassa uskokaa sydämenne levottomat ei

Älköön teidän sydämenne olko levottomat. Uskokaa Jumalaan, ja uskokaa minuun.

² סגיאין אנון אונא בית אבי ואלא אמר הוית לכון דאזל
menen että teille olin sanon ellei ja isäni talo asumukset ovat monet

אנא דאטיב לכון אתרא:
asema/paikka teille valmistan että minä

Minun isäni talossa on monet asumukset, ja ellei, olisinko minä sanonut teille, että minä menen, että valmistan teille paikkaa?

³ ואן אזל אטיב לכון אתרא תוב אתא ואדברכון לותי דאיכא
missä että luokseni teidän johdatan ja tulen taas paikka teille valmistan menen jos ja

דאנא איתי אף אנתון תהוון:
olisitte te myös olen minä joka

Ja jos minä menen valmistamaan teille paikkaa, minä tulen vielä, ja johdatan teidät minun luokseni, että missä minä olen, te myös olisitte.

⁴ ולאיכא דאזל אנא ידעין אנתון ואורחא ידעין אנתון:
te tunnette tie ja te tunnette minä menen että sinne ja

Ja minne minä menen, te tiedätte, ja sen tien te tunnette.

⁵ אמר לה תאומא מרן לא ידעינן לאיכא אזל אנת
sinä menet minne tiedämme emme herramme Thoma hänelle sanoi

ואיכנא משכחין חנן אורחא למדע:
tuntemaan tie me pystymme kuinka ja

Thoma sanoi hänelle, "meidän Herramme, emme me tiedä, minne sinä menet, ja kuinka me voimme tuntea tien?"

⁶ אמר לה ישוע אנא אנא אורחא ושררא וחיא לא אנש אתא
tule ihminenn ei elämä ja totuus ja tie minä minä Jeshua hänelle sanoi

לות אבי אלא אן בי:
minussa jos ellei isäni luokse

Jeshua sanoi hänelle, "minä, minä olen se tie, ja se totuus, ja se elämä. Ei kukaan tule minun isäni luokse, paitsi minun kauttani."

⁷ אלו לי ידעין הויתון אף לאבי ידעין הויתון ומן השא ידעין
jos minulle olisitte tunnette myös isälleni olisitte tunnette ja –sta nyt tunnette

אנתון לה וחזיתוניהי:
te hänelle ja hänet näitte

Jos te olisitte tunteneet minut, te olisitte tunteet myös minun isäni, ja tästä lähtien te tunnette hänet, ja olette hänet nähneet.

⁸ אמר לה פיליפוס מרן חון אבא וכדו לן:
sanoi hänelle Filippos herramme osoita isä ja riittää meille

Filippus sanoi hänelle, "meidän Herramme, osoita meille isä, ja se riittää meille."

⁹ אמר לה ישוע הנא כלה זבנא עמכון אנא ולא
sanoi hänelle Jeshua tämä kaikkensa ajat kanssanne minä eikä

ידעתני פיליפא מן דלי חזא לאבא חזא ואיכנא אנת
tunsitte minut Filippa joka minulle nähnyt isälle nähnyt ja kuinka sinä

אמר אנת חון אבא:
sanot sinä osoita isä

Jeshua sanoi hänelle, "koko tämän ajan minä olen ollut teidän kanssanne, etkä sinä ole minua tuntenut, Filippa! Joka on nähnyt minut, on nähnyt isän, ja kuinka sinä sanot, 'osoita isä'?"

¹⁰ לא מהימן אנת דאנא באבי ואבי בי מלא אילין
etkö usko sinä että minä isässäni ja isäni minussa sanat ne

דאנא ממלל אנא מן נפשי לא ממלל אנא אבי דין
jotka minä puhun minä sielustani en puhu minä isäni mutta

דבי עמר הו עבד עבדא הלין:
joka minussa asustaa hän tekee teot nämä

Etkö sinä usko, että minä olen minun isässäni, ja minun isäni on minussa? Ne sanat, jotka minä puhun, minä en puhu omasta sielustani, mutta minun isäni, joka minussa asustaa, hän tekee nämä teot.

¹¹ הימנו דאנא באבי ואבי בי ואלא אפן מטל עבדא הימנו:
uskokaa että minä isässäni ja isäni minussa ja ellei edes tähden teot uskokaa

Luku 14

Johanneksen evankeliumi

Uskokaa, että minä olen minun isässäni, ja minun isäni on minussa, ja jos ette, uskokaa edes tekojen tähden!

¹² אמין אמין אמר אנא לכון דמן דמהימן בי עבדא אילין
. ne teot minussa uskoo joka että teille minä sanon amen amen

דאנא עבד אנא אף הו נעבד ודיתירין מן הלין נעבד
tekevä näistä enemmän että ja tekevä hän myös minä teen minä että

דאנא לות אבא אזל אנא:
minä menen isä luokse minä että

Amen, amen, minä sanon teille, että joka uskoo minuun, niitä tekoja, joita minä teen, myös hän on tekevä, ja näistä runsaammin tekevä, kun minä menen isän luokse.

¹³ ומדם דתשאלון בשמי אעבד לכון דנשתבח אבא בברה:
. pojassaan isä kirkastettava että teille tehdään nimessäni kysytte jota asia ja

Ja mitä te pyydätte minun nimessäni, se tehdään teille, että isä tulee kirkastetuksi hänen pojassaan.

¹⁴ ואן תשאלונני בשמי אנא עבדנא:
. minä teen minä nimessäni minua pyytäisitte jos ja

Ja jos te minun nimeni kautta pyydätte, minä teen.

¹⁵ אן רחמין אנתון לי פוקדני טרו:
. varjelevat käskyni minulle te rakastatte jos

Jos te rakastatte minua, te pidätte minun käskyni.

¹⁶ ואנא אבעא מן אבי ואחרנא פרקלטא נתל לכון
. teille antava kirottujen lunastus toinen ja isästäni pyydän minä ja

דנהוא עמכון לעלם:
iankaikkisesti kanssanne oleva joka

Ja minä pyydän minun isältäni, ja hän on antava teille toisen puolustajan, joka on oleva teidän kanssanne iankaikkisesti.

¹⁷ רוחא דשררא הו דעלמא לא משכח למקבלותה מטל
. koska häntä vastaanottamaan pysty ei maailma jota hän totuuden henki

דלא חזיהי ולא ידעה דין ידעין אנתון לה דלותכון
luonanne joka hänelle te tunnette mutta te sitä tuntenut eikä nähnyt ettei

Johanneksen evankeliumi

Luku 14

עָמַר וּבְכוֹן הוּ:
hän teissä ja asustaa

Totuuden henki, hän, jota maailma ei voi ottaa vastaan, koska ei ole häntä nähnyt eikä tuntenut. Mutta te tunnette hänet, joka teidän luonanne asustaa, ja hän on teissä.

¹⁸ לָא שָׁבֵק אֲנָא לְכוֹן יְתַמֵא אָתֵא אֲנָא גֵיר לוֹתְכוֹן
luonanne sillä minä tulen orvot teille minä jätä en

קָלִיל אַחֲרִין:
toiset vähän

En minä jätä teitä orvoiksi, sillä minä tulen teidän luoksenne hetken kuluttua.

¹⁹ וְעָלְמָא לָא חָזֵא לִי אַנְתּוֹן דֵּין תֶּחֱזוּנָנִי דְּאֲנָא חַי
elän minä että minut näkisitte mutta te minulle näe ei maailma ja

אָף אַנְתּוֹן תֵּחוֹן:
eläisitte te myös

Ja maailma ei minua näe, mutta te tulette näkemään minut, että minä elän; tekin saatte elää.

²⁰ בְּהוֹ יוֹמָא תֵּדְעוּן דְּאֲנָא בְּאָבִי וְאַנְתּוֹן בִּי אַנְתּוֹן
te minussa te ja isässäni minä että tuntisitte päivä siinä

וַאֲנָא בְּכוֹן אֲנָא:
minä teissä minä ja

Sinä päivänä te tulette tuntemaan, että minä olen minun isässäni, ja te minussa, ja minä olen teissä.

²¹ מָן דְּאִית לוֹתֵה פּוּקְדָּנַי וְנָטַר לְהוֹן הוּ הוּ מַחֵב לִי הוּ דֵּין
mutta hän minulle rakastaa se hän heille varjeleva ja käskyni luonaan on joka

דְּרָחֵם לִי נֶתְרַחֵם מִן אָבִי וַאֲנָא אֲרַחְמִיוֹהִי וַאֲחַוִיוֹהִי נַפְשִׁי:
sieluni hänelle osoitan ja häntä rakastan minä ja isästäni rakastava minulle rakastaa joka

Jolla on minun käskyni, ja ne pitää, hän on se, joka rakastaa minua. Mutta hän, joka rakastaa minua, on minun isäni rakastama, ja minä rakastan häntä ja ilmoitan oman sieluni hänelle.

²² אָמַר לֵה יְהוּדָא לָא הוּא סְכַרְיוֹטָא מָרִי מְנוּ לָן עָתִיד
tuleva meille mistä herrani Skariota ole ei Jehuda hänelle sanoi

Luku 14

Johanneksen evankeliumi

אנת למחויו נפשך ולא הוא לעלמא:

sinä osoittamaan sielusi eikä ole maailmalle

Jehuda sanoi hänelle – ei se Skariota – "minun Herrani, miten niin sinä olet tuleva ilmoittamaan sielusi meille, eikä maailmalle?"

²³ ענא ישוע ואמר לה מן דרחם לי מלתי נטר ואבי נרחמיוהי

Jeshua vastasi ja sanoi hänelle joka häntä rakastaa minulle sanani varjeleva ja isäni rakastava häntä

ולותה אתין חנן ואונא לותה עבדין חנן:

ja luokseen tulemme me ja asuinsija luokseen teemme me

Jeshua vastasi ja sanoi hänelle, "joka rakastaa minua, pitää minun sanani, ja minun isäni rakastaa häntä, ja me tulemme hänen luokseen ja me teemme asunnon hänen luokseen."

²⁴ הו דין דלא רחם לי מלתי לא נטר ומלתא הדא דשמעין

hän mutta joka ei rakastaa minulle sanani ei varjeleva ja sana tämä joka kuulette

אנתון לא הות דילי אלא דאבא דשדרני:

te ei ollut minun ollut vaan isän joka minut lähetti

Mutta hän, joka ei minua rakasta, ei pidä minun sanaani, ja tämä sana, jonka te kuulette ei ollut minun omani, vaan isän, joka minut lähetti.

²⁵ הלין מללת עמכון כד לותכון איתי:

nämä puhunut kanssanne kun luonanne olen

Nämä minä olen puhunut teidän kanssanne, kun olen ollut teidän luonanne.

²⁶ הו דין פרקלטא רוחא דקודשא הו דמשדר אבי בשמי

hän mutta lunastaja kirotut henki pyhyyden hän jonka lähettää isäni nimessäni

הו נלפכון כלמדם והו נעהדכון כל מא דאמר אנא לכון:

hän opettava teitä kaikki asia ja hän muistuttava teitä kaikki mitä että sanoin minä teille

Mutta hän, puolustaja, pyhyyden henki, hän, jonka minun isäni lähettää minun nimessäni, hän on opettava teille kaiken, ja hän on muistuttava teitä kaikesta, mitä minä olen teille sanonut.

²⁷ שלמא שבק אנא לכון שלמא דילי יהב אנא לכון לא

rauha jätän minä teille rauha omani annan minä teille ei

הוא איכנא דיהב עלמא אנא יהב אנא לכון לא נתדוד

ole siten jota antaa maailma minä annan minä teille ei murehtiva

Johanneksen evankeliumi

Luku 14

לבכון ולא נדחל:
pelätkö älkääkä sydämenne

Rauhan minä jätän teille, minun oman rauhani minä annan teille. En minä anna teille siten, niin kuin maailma antaa. Älkää murehtiko, älköönkä teidän sydämenne pelätkö.

²⁸ שמעתון דאנא אמרת לכון דאזל אנא ואתא אנא
  minä tulen ja minä menen että teille sanonut minä että kuulitte .
לותכון אלו רחמין הויתון לי חדין הויתון דאזל אנא
  minä menen että olisitte iloiset minulle olisitte ystävät jos luoksenne
לות אבי דאבי רב הו מני:
  minusta hän suuri isäni isäni luokse

Te olette kuulleet, että minä olen sanonut teille, että minä menen, ja minä tulen teidän luoksenne. Jos te minua rakastaisitte, te olisitte iloiset, että minä menen minun isäni luokse. Minun isäni on minua suurempi.

²⁹ והשא הא אמרת לכון עדלא נהוא דמא דהוא תהימנון:
  uskoisitte oli jota kun että oleva ei vielä teille sanonut katso nyt ja .

Ja nyt, katso, minä olen sanonut teille, ennen kuin tapahtuvat, että kun se tapahtuu, te uskoisitte.

³⁰ מכיל לא אמלל עמכון סגיאתא אתא גיר ארכונה
  ruhtinaansa sillä tulee asia monet kanssanne puhu ei siis .
דעלמא ובי לית לה מדם:
  asia hänelle ei ole minussa ja maailman

Minä en siis puhu teidän kanssanne paljoa, sillä maailman ruhtinas tulee, ja minussa ei ole hänelle mitään.

³¹ אלא דנדע עלמא דרחם אנא לאבי ואיכנא דפקדני
  minut opetti että samoin ja isälleni minä rakastan että maailma tunteva että vaan .
אבי הכות עבד אנא קומו נאזל מכא:
  täältä menkäämme nouskaa minä tein siten isäni

Vaan että maailma tuntisi, että minä rakastan minun isääni, ja samoin kuin minun isäni minut opetti, siten minä tein. Nouskaa, menkäämme täältä!

Johanneksen evankeliumi

15:1 אנא אנא גפתא דשררא ואבי הו פלחא:
    viinitarhuri hän isäni ja totuuden viinipuu minä minä

Minä, minä olen se totuuden viinipuu, ja minun isäni, hän on se viinitarhuri.

2 כל שבשתא דבי פארא לא יהבא שקל לה ואידא דיהבא
    antaa joka sellainen ja hänelle poistaa anna ei hedelmää siinä joka oksa kaikki

פארא מדכא לה דפארא סגיאא תיתא:
    tuottaa paljon hedelmää että hänelle puhdistaa hedelmä

Kaikki oksat siinä, jotka eivät anna hedelmää, hän poistaa siitä, ja sellaisen, joka antaa hedelmää, hän puhdistaa, että se tuottaisi paljon hedelmää.

3 אנתון מן כדו דכין אנתון מטל מלתא דמללת עמכון:
    kanssanne puhuin joka sana tähden te puhtaat tästä alkaen te

Tästä lähtien te olette puhtaat, sen sanan tähden, jonka minä puhuin teidän kanssanne.

4 קוו בי ואנא בכון איכנא דשבשתא לא משכחא
    pysty ei oksa että kuten teissä minä ja minussa pysykää

דתתל פארא מן נפשה אלא מקויא בגפתא הכנא
    samoin viinipuussa pysy ellei sielustaan hedelmää antava että

אף לא אנתון אלא תקוון בי:
    minussa pysyisitte ellei te ei myös

Pysykää minussa, ja minä olen teissä. Niin kuin oksa ei pysty antamaan hedelmää omasta sielustaan, ellei pysy viinipuussa, samoin ette tekään, ellette pysy minussa.

5 אנא אנא גפתא ואנתון שבשתא מן דמקוא בי ואנא
    minä ja minussa pysyy joka oksa te ja viinipuu minä minä

בה הנא מיתא פארא סגיאא מטל דדלא אנא לא משכחין
    pystytte ei minä ilman että koska paljon hedelmää tuottaa tämä hänessä

אנתון למעבד מדם:
    asia tekemään te

Minä, minä olen se viinipuu, ja te oksat. Joka pysyy minussa, ja minä hänessä, tämä tuottaa paljon hedelmää, koska ilman minua te ette pysty tekemään mitään.

6 אלא דין אנש מקוא בי משתדא לבר איך שבשתא דיבשא
    karistetaan joka oksa kuin ulkopuoli poisheitetty minussa pysy ihminen mutta ellei

Johanneksen evankeliumi

וֹלְקְטִין רָמִין לָהּ בְּנוּרָא דְתֵאקַד:
poltettava että tulessa sille heittävät kokoavat ja

Mutta ellei joku pysy minussa, hän tulee heitetyksi pois, ulkopuolelle, niin kuin oksa, joka karsitaan ja kootaan nippuun, ja heitetään siihen tuleen poltettavaksi.

⁷ אֶן דֵּין תְּקַוּוֹן בִּי וּמֶלַי נְקַוָּין בְּכוֹן כֹּל מָא דְתִצְבּוֹן
tahtoisitte että mitä kaikki teissä pysyisi sanani ja minussa pysyisitte mutta jos .

לְמִשְׁאַל נֶהְוֵא לְכוֹן:
teille oleva kysymään

Mutta jos te pysytte minussa, ja minun sanani pysyy teissä, kaikki, mitä te tahdotte pyytää, on teille tapahtuva.

⁸ בְּהָדֵא מִשְׁתַּבַּח אַבָּא דְפֵארַא סַגִּיאָא תִּיתּוּן וְתֶהְוֹוּן תַּלְמִידַי:
oppilaani olisitte ja tuottaisitte paljon hedelmää että isä kirkastetaan tässä .

Tässä isä kirkastetaan, että te tuotatte paljon hedelmää, ja olisitte minun oppilaani.

⁹ אַיכַנָא דְאַחְבַנִי אָבִי אָף אֶנָא אַחֶבְתְּכוֹן קַוּוּ בְּרֶחְמַתִי דִּילִי:
omani ystävyydessäni pysykää teitä rakastin minä myös isäni minua rakasti että samoin .

Samoin kuin minun isäni rakasti minua, minäkin olen teitä rakastanut. Pysykää minun armossani, minun omani!

¹⁰ אֶן פּוּקְדָּנַי תֶּטְּרוּן תְּקַוּוֹן בְּחוּבָּא דִּילִי אַיכַנָא דְאֶנָא נִטְרֵת
varjellut minä että samoin omani rakkaudessa pysyisitte varjelisitte käskyni jos .

פּוּקְדָּנַוְהִי דְּאָבִי וּמְקַוֵּא אֶנָא בְּחוּבֵּהּ:
rakkaudessaan minä pysyn ja isäni käskynsä

Jos te pidätte minun käskyni, te pysytte minun rakkaudessani, te minun omani. Samoin minä olen pitänyt minun isäni käskyt, ja minä pysyn hänen rakkaudessaan.

¹¹ הָלֵין מַלְלֵת עַמְכוֹן דְּחַדוּתִי תֶּהְוֵא בְּכוֹן וְתִשְׁתַּמְלֵא חַדוּתְכוֹן:
ilonne täydellistetty ja teissä olisi iloni että kanssanne puhunut nämä .

Nämä minä olen puhunut teidän kanssanne, että minun iloni olisi teissä, ja teidän ilonne olisi täytetty.

¹² הָנַו פּוּקְדָּנִי דְּתַחְבּוּן חַד לְחַד אַיכַנָא דְאֶנָא אַחֶבְתְּכוֹן:
teitä rakastunut minä että samoin yhdelle yksi rakastaisitte käskyni tämä .

Luku 15

Johanneksen evankeliumi

Tämä on minun käskyni, että te rakastaisitte toinen toistanne, samoin kuin minä olen teitä rakastanut.

¹³ חובא דרב מן הנא לית דאנש נפשה נסים חלף רחמוהי:
    ystäviensä puolesta antava sielunsa ihminen että ei ole tästä suurempi rakkaus .

Tästä suurempaa rakkautta ei ole, kuin että joku antaa sielunsa ystäviensä puolesta.

¹⁴ אנתון רחמי אנתון אן תעבדון כל דמפקד אנא לכון:
    teille minä käsken jota kaikki tekisitte jos te ystäväni te .

Te olette minun ystäväni, jos te teette kaiken, mitä minä teille käsken.

¹⁵ לא מכיל קרא אנא לכון עבדא מטל דעבדא לא ידע
    tunne ei työntekijä että koska työntekijä teille minä kutsu siis en .

מנא עבד מרה רחמי דין קריתכון מטל דכל דשמעת
    kuulin jonka kaikki että koska teidät kutsuin mutta ystäväni herransa tekee mitä

מן אבי אודעתכון:
    teille tehnyt tunnetuksi isästäni

En minä siis kutsu teitä työntekijöiksi, koska työntekijä ei tiedä, mitä hänen herransa tekee, mutta minä olen kutsunut teitä ystävikseni, koska kaiken, mitä minä kuulin minun isältäni, olen tehnyt teille tunnetuksi.

¹⁶ לא הוא אנתון גביתונני אלא אנא הו גביתכון וסמתכון
    teidät osoitin ja teidät valitsi se minä vaan minua valinneet te ole ette .

דאף אנתון תאזלון תיתון פארא ופאריכון נקוון דכל
    kaikki että pysyisivät hedelmänne ja hedelmä tuottaisitte menisitte te myös että

דתשאלון לאבי בשמי נתל לכון:
    teille antava nimessäni isälleni pyytäisitte jota

Ette te ole minua valinneet, vaan minä valitsin teidät, ja osoitin teidät, että te myös menisitte tuottamaan hedelmää, ja teidän hedelmänne pysyisivät, että kaikki, mitä te pyydätte, minun isäni antaa teille, minun nimessäni.

¹⁷ הלין מפקד אנא לכון דתחבון חד לחד:
    yhdelle yksi rakastaisitte että teille minä käsken nämä .

Nämä minä käsken teille, että rakastaisitte toinen toistanne.

Johanneksen evankeliumi

Luku 15

18 ואן עלמא סנא לכון דעו דקדמיכון לי סנא:
     vihasi minulle teitä ennen että tuntekaa teille vihaa maailma jos ja

Ja jos maailma inhoaa teitä, tietäkää, että se on inhonnut minua ennen teitä.

19 ואלו מן עלמא הויתון עלמא לדילה רחם הוא
     oli rakasti omaansa maailma olisivat maailmasta jos ja

אלא לא הויתון מן עלמא אנא גיר גביתכון מן עלמא
     maailmasta teidät valinnut sillä minä maailmasta olette ei vaan

מטל הנא סנא לכון עלמא:
     maailma teille vihaa tämä tähden

Ja jos he maailmasta olisivat, maailma olisi rakastanut omaansa. Vaan te ette ole maailmasta, sillä minä olen teidät valinnut maailmasta; tämän tähden maailma inhoaa teitä.

20 עהדו מלתא דאנא אמרת לכון דלית עבדא דרב מן מרה
     herrastaan suurempi työntekijä ei ole että teille sanonut minä että sana muistakaa

אן לי רדפו אף לכון נרדפון ואן מלתי נטרו אף דילכון נטרון:
     varjelevat teidän myös varjelee sanani jos ja vainoavat teille myös vainoavat minulle jos

Muistakaa se sana, jonka minä olen teille sanonut, ettei työntekijä ole herraansa suurempi. Jos he minua vainoavat, he vainoavat myös teitä, ja jos he pitävät minun sanani, he pitävät myös teidän sananne.

21 אלא הלין כלהין נעבדון בכון מטל שמי דילי דלא ידעין
     tuntevat ettei minun nimeni tähden teissä tekevät he kaikki nämä vaan

למן דשדרני:
     minut lähetti joka kenelle

Vaan nämä kaikki he tekevät teille minun nimeni tähden, sillä he eivät tunne häntä, joka lähetti minut.

22 אלו אנא לא אתית מללת עמהון לית הות להון חטיתא
     synti heille ollut ei ole heidän kanssaan puhuin tullut ei minä jos

השא דין לית להון עלתא על אפי חטיתהון:
     heidän syntinsä kasvot ylle syy heille ei ole mutta nyt

Jos minä en olisi tullut puhumaan heidän kanssaan, ei heillä olisi syntiä, mutta nyt heillä ei ole puolustusta heidän synneilleen.

Luku 15

Johanneksen evankeliumi

²³ מן דלי סנא ואף לאבי סנא:
vihaa isälleni myös ja vihaa minulle joka

Ja joka vihaa minua, vihaa myös minun isääni.

²⁴ ואלו עבדא לא עבדת לעניהון אילין דאנש אחרין לא עבד
tehnyt ei toinen ihminen jota ne heidän silmilleen tehnyt ei teot jos ja

לית הוא להון חטיתא השא דין וחזו וסנו אף לי ואף לאבי:
isälleni myös ja minulle myös vihasivat ja näkivät ja mutta nyt synti heille oli ei ole

Ja jos minä olisi tehnyt niitä tekoja heidän silmiensä edessä, niitä, joita ei kukaan toinen ole tehnyt, ei heillä olisi syntiä, mutta nyt he näkivät, ja he inhosivat minua, sekä minun isääni.

²⁵ דתתמלא מלתא דכתיבא בנמוסהון דסנאוני מגן:
ilmainen minua vihasivat että heidän sanassaan kirjoitettu joka sana täyttyisi että

Että täyttyisi se sana, joka on kirjoitettu siinä heidän kirjoitetussa sanassaan, että "he inhosivat minua rahatta".

²⁶ מא דין דאתא פרקלטא הו דאנא משדר אנא לכון מן לות
kun mutta että tulee kirottujen lunastaja hän joka minä lähetän minä teille luota

אבי רוחא דשררא הו דמן לות אבי נפק הו נסהד עלי:
isäni totuuden henki hän joka luota isäni lähti hän todistava ylleni

Mutta kun se puolustaja tulee, hän, jonka minä lähetän teille minun isäni luota, se totuuden henki, hän, joka lähtee minun isäni luota; hän on todistava minusta.

²⁷ אף אנתון סהדין אנתון דמן שוריא עמי אנתון:
te kanssani alusta jotka te todistavat te myös

Myös te todistatte, te, jotka alusta asti olette olleet minun kanssani.

Luku 16

Johanneksen evankeliumi

16:1 הלין מללת עמכון דלא תתכשלון
kompastuisi ettette kanssanne puhunut nämä

Nämä minä olen puhunut teidän kanssanne, ettette kompastuisi.

² נפקונכון גיר מן כנושתהון ותאתא שעתא דכל דנקטולכון
teitä tappava joka kaikki että hetki tulee ja kokouspaikoistaan sillä teidät poistavat

נסבר דקורבנא מקרב לאלהא:
Jumalalle lähelle tuo lahja että toivova

Sillä he poistavat teidät heidän kokouspaikoistaan, ja tulee hetki, että jokainen, joka tappaa teitä, luulee tuovansa lahjaa Jumalan lähelle.

³ והלין נעבדון מטל דלא ידעו ולא לאבי ולא לי:
minulle eikä isälleni eikä tuntevat ei että koska tekevät nämä ja

Ja nämä he tekevät teille, koska he eivät tunne minun isääni, eivätkä minua.

⁴ הלין מללת עמכון דמא דאתא עדניהין תעהדון אנין דאנא
minä että heidän muistaisitte aikansa tulee että kun kanssanne puhunut nämä

אמרת לכון הלין דין מן קדים לא אמרת לכון דעמכון הוית:
olin kanssanne että teille sanonut enkö ensimmäisestä mutta nämä teille sanonut

Nämä minä olen puhunut teidän kanssanne, että kun se heidän aikansa tulee, te muistaisitte, että minä olen nämä sanonut teille. Mutta enkö minä ole tätä alusta asti sanonut, ollessani teidän kanssanne?

⁵ השא דין אזל אנא לות מן דשדרני ולא אנש מנכון
teistä ihminen eikä minut lähetti joka luokse minä menen mutta nyt

משאל לי לאיכא אזל אנת:
sinä menet minne minulle kyselee

Mutta nyt minä menen hänen luokseen, joka minut lähetti, eikä kukaan teistä kysele minulta, "minne sinä menet?"

⁶ אמרת לכון גיר הלין ואתת כריותא ומלת לבותכון:
sydämenne täytti ja heikkous tullut ja nämä sillä teille sanonut

Sillä minä olen sanonut nämä, ja murhe on tullut ja se täytti teidän sydämenne!

Luku 16

Johanneksen evankeliumi

⁷ אלא אנא שררא אמר אנא לכון דפקח לכון דאנא אזל
menen minä että teille tarpeen että teille minä sanon todella minä vaan
אן גיר אנא לא אזל אנא פרקלטא לא אתא לותכון אן דין
mutta jos luoksenne tule ei kirottujen lunastaja minä mene en minä sillä jos
אזל אשדריוהי לותכון:
luoksenne hänet lähetetään mene

Vaan minä todella sanon teille, että teille on tarpeellista, että minä menen, sillä jos minä en mene, ei se puolustaja tule teidän luoksenne. Mutta jos minä menen, hänet lähetetään teidän luoksenne.

⁸ ומא דאתא הו נכסיוהי לעלמא על חטיתא
synti ylle maailmalle sen nuhtelee hän tulee että kun ja
ועל זדיקותא ועל דינא:
tuomio ylle ja vanhurskaus ylle ja

Ja kun hän tulee, hän nuhtelee maailmaa siitä synnistä, ja siitä puhtaudesta, ja siitä tuomiosta.

⁹ על חטיתא דלא מהימנין בי:
minussa uskoneet ettei synti ylle

Synnistä, sillä he eivät uskoneet minuun.

¹⁰ על זדיקותא דין דלות אבי אזל אנא ולא תוב
taas eikä minä menen isäni luokse että mutta vanhurskaus ylle
חזין אנתון לי:
minulle te näkevät

Mutta puhtaudesta, sillä minä menen isäni luokse, ettekä te enää näe minua.

¹¹ על דינא דין דארכונא דעלמא הנא דין הו:
hän tuomittiin tämä maailman ruhtinas että mutta tuomio ylle

Mutta tuomiosta, sillä tämän maailman ruhtinas tuomittiin.

¹² תוב סגי אית לי למאמר לכון אלא לא משכחין
pystytte ei vaan teille sanottavaa minulle on paljon vielä
אנתון למאחד השא:
nyt ymmärtämään te

Johanneksen evankeliumi

Minulla on vielä paljon sanottavaa teille, vaan te ette nyt pysty ymmärtämään.

¹³ מא דאתא דין רוחא דשררא הו נדברכון בכלה
kaikessaan teitä johdattava hän   totuuden   henki mutta tulee että kun

שררא לא גיר נמלל מן רעין נפשה אלא כל דנשמע
kuuleva että kaikki vaan sielunsa ajatuksista puhuva sillä ei   totuus

הו נמלל ועתידתא נודעכון:
teille tunnetuksi tekevä se tuleva ja puhuva hän

Mutta kun se totuuden henki tulee, hän on johdattava teitä kaikessa totuudessaan, sillä ei hän tule puhumaan oman sielunsa ajatuksista, vaan kaikkea, mitä hän kuulee, hän tulee puhumaan, ja sen tulevan hän tekee teille tunnetuksi.

¹⁴ והו נשבחני מטל דמן דילי נסב ונחויכון:
teidät osoittava ja ottava omastani että koska minut kirkastava hän ja

Ja hän on minua kirkastava, koska hän tulee ottamaan minun omastani, ja on sen ilmoittava teille.

¹⁵ כל מדם דאית לאבי דילי הו מטל הנא אמרת לכון
teille sanonut tämä tähden se minun isälleni on joka   asia kaikki

דמן דילי נסב ונחויכון:
teidät osoittava ja ottava omastani että

Kaikki, mitä on minun isälläni, on minun. Tämän tähden minä olen sanonut teille, että hän tulee ottamaan minun omastani, ja on sen ilmoittava teille.

¹⁶ קליל ולא תחזונני ותוב קליל ותחזונני
minut näkisitte ja vähän taas ja   näkisitte ettekä vähän

דאזל אנא לות אבא:
isä luokse minä menen että

Vähän, ettekä te tule näkemään minua, ja taas vähän, ja tulette näkemään minut, sillä minä menen isän luokse.

¹⁷ ואמרו הוו תלמידוהי חד לחד מנא הי הדא דאמר לן
meille sanoit että   tämä se mitä yhdelle yksi   oppilaansa olivat sanoivat ja

דקליל ולא תחזונני ותוב קליל ותחזונני ודאזל אנא לות אבי:
isäni luokse minä menen että ja minut näkisitte ja vähän taas ja minut näkisitte eikä vähän että

Luku 16

Johanneksen evankeliumi

Ja hänen oppilaansa sanoivat toinen toisilleen, "mitä tämä on, jota sanoit meille, että vähän, ettekä näe minua ja taas vähän, ja tulette minut näkemään, ja että minä menen minun isäni luokse?"

¹⁸ ואמרין הוו מנא הי הדא קליל דאמר לא ידעינן
tiedämme emme sanoi joka vähän tämä se mitä olivat sanoivat ja

מנא ממלל:
puhuu mitä

Ja he sanoivat, "mitä se tämä vähän on, jonka hän sanoi – me emme tiedä, mistä hän puhuu."

¹⁹ ישוע דין ידע דבעין הוו למשאלותה ואמר להון
heille sanoi ja häntä kysymään olivat etsivät että tunsi mutta Jeshua

על הדא בעין אנתון עם חדדא דאמרת לכון דקליל
vähän että teille sanonut että yksinään kanssa te etsitte tämä ylle

ולא תחזונני ותוב קליל ותחזונני:
minut näkisitte ja vähän taas ja minut näkisitte eikä

Mutta Jeshua tunsi, että he kaipasivat kysyä häneltä, ja hän sanoi heille, "te kaipaatte tätä keskenänne, että minä olen sanonut teille, että vähän, ettekä näe minua, ja taas vähän, ja tulette minut näkemään."

²⁰ אמין אמין אמר אנא לכון דתבכון אנתון ותאלון ועלמא
maailma ja valitatte ja te itkette että teille minä sanon amen amen

נחדא ולכון תכרא אלא כריותכון לחדותא תהוא:
oleva ilolle heikkoutenne vaan murhe teille ja iloitseva

Amen, amen, minä sanon teille, että te saatte itkeä ja valittaa, ja maailma on iloitseva, ja teillä on oleva murhe, vaan se teidän murheenne on tuleva iloksi.

²¹ אנתתא מא דילדא כריא לה דמטא יומא דמולדה
synnytyksensä päivä saapui että hänelle murhe synnyttää että kun vaimo

מא דילדת דין ברא לא עהדא אולצנה מטל חדותא
ilo tähden ahdistuksensa muista ei poika mutta syntyi että kun

דאתילד ברנשא בעלמא:
maailmassa ihmispoika synnytetty että

Kun vaimo synnyttää, on hänellä murhe, että se hänen synnyttämisensä päivä on koittanut. Mutta kun poika on syntynyt, ei hän muista ahdistustaan sen ilon tähden, että ihmispoika on synnytetty maailmaan.

146

Johanneksen evankeliumi

Luku 16

²² אָף אַנְתּוּן הָשָׁא כְּרִיא לְכוּן תּוּב דִּין אַחְזִיכוּן וְנֶחְדֵּא לִבְכוּן
   sydämenne iloitkoon ja   te näette mutta   taas teille   suru   nyt   te myös

וְחֶדְוַתְכוּן לָא אֲנָשׁ נָסֵב מֶנְכוּן:
   teistä   ottava   ihminen   ei   teidän ilonne ja

Myös teille on nyt murhe, mutta te vielä näette, ja teidän sydämenne on iloitseva, eikä kukaan ole ottava pois teiltä sitä teidän iloanne.

²³ וּבְהוּ יוֹמָא לִי לָא תְשַׁאֲלוּן מֶדֶּם אָמִין אָמִין אָמַר אֲנָא לְכוּן
   teille   minä   sanon   amen   amen   asia   pyytäisivät ei minulle päivä siinä ja

דְּכֹל מֶדֶּם דְּתֶשְׁאֲלוּן לְאָבִי בִּשְׁמִי נֶתֵּל לְכוּן:
   teille   antava   nimessäni   isälleni pyytäisivät jota asia kaikki että

Ja siinä päivässä te ette kysy minulta mitään. Amen, amen, minä sanon teille, että kaikki, mitä silloin pyydätte minun isältäni, hän on teille antava, minun nimessäni.

²⁴ עֲדַמָּא לְהָשָׁא לָא שְׁאֶלְתּוּן מֶדֶּם בִּשְׁמִי שְׁאֶלוּ וְתֵסְבוּן
   saatte ja pyytäkää   nimessäni   asia   pyysitte   ei   tälle   saakka

דְּתֶהְוֵא חֶדְוַתְכוּן מְשַׁמְלְיָא:
   täydellinen teidän ilonne oleva että

Tähän saakka te ette ole mitään kysyneet minun nimessäni. Kysykää, ja te tulette saamaan, että teidän ilonne tulisi täytetyksi.

²⁵ הָלֵין בְּפֶלֱאָתָא מַלְלֵת עַמְכוּן אָתְיָא דֵּין שָׁעְתָא אֶמָתִי דְּלָא
   etten   silloin   hetki   mutta   tulee kanssanne puhunut vertauksissa nämä

אֲמַלֵּל עַמְכוּן בְּפֶלֱאָתָא אֶלָּא עַיִן בְּגַלְיָא אֲבַדֶּק לְכוּן עַל אַבָא:
   isä   ylle   teille   ilmoita avoinna silmät vaan vertauksissa kanssanne   puhu

Minä olen puhunut nämä vertausten kautta teidän kanssanne, mutta tulee hetki, jolloin en puhu teidän kanssanne vertausten kautta, vaan avoimesti ilmoitan teille minun isästäni.

²⁶ בְּהוּ יוֹמָא דְּתֶשְׁאֲלוּן בִּשְׁמִי וְלָא אָמַר אֲנָא לְכוּן דְּאֲנָא
   minä että   teille   minä sanon   eikä   nimessäni   pyytäisivät päivä siinä

אֶבְעֵא מֶן אַבָא עֲלַיְכוּן:
   yllenne   isästä   pyydän

Siinä päivässä te pyydätte minun nimeni kautta, enkä minä sano teille, että minä olen esirukoileva isää teidän tähtenne;

Luku 16

Johanneksen evankeliumi

²⁷ הו גיר אבא רחם לכון דאנתון רחמתונני והימנתון
    uskoneet ja   rakastaneet   te että teille rakastaa isä sillä hän

דאנא מן לות אלהא נפקת:
lähtenyt Jumala luota minä että

Sillä hän, isä, armahtaa teitä, sillä te olette rakastaneet minua ja uskoneet, että minä olen Jumalan luota lähtenyt.

²⁸ נפקת מן לות אבא ואתית לעלמא ותוב שבק אנא לעלמא
  maailmalle minä jätän taas ja maailmalle tulin ja isä luota lähtenyt

ואזל אנא לי לות אבא:
isä luona minulle minä menen ja

Minä olen lähtenyt isäni luota, ja minä tulin maailmaan, ja taas minä jätän maailman, ja minä menen isän luokse.

²⁹ אמרין לה תלמידוהי הא השא גליאית ממלל אנת
  sinä puhut avoimesti nyt katso oppilaansa hänelle sanoivat

ופלאתא ולא חדא אמר אנת:
sinä sanot tämä eikä vertaus ja

Hänen oppilaansa sanoivat hänelle, "katso, nyt sinä puhut avoimesti, etkä sano tätä vertauksen kautta."

³⁰ השא ידעין חנן דכל מדם ידע אנת ולא סניק אנת דאנש
  ihminen että sinä tarvitse eikä sinä tunnet asia kaikki että me tiedämme nyt

נשאלך בהדא מהימנין חנן דמן אלהא נפקת:
lähtenyt Jumalasta että me uskomme tässä sinulta kysyvä

Nyt me tunnemme, että sinä tiedät kaiken, etkä sinä tarvitse ketään sinulta kysymään. Tämän kautta me uskomme, että sinä olet Jumalasta lähtenyt.

³¹ אמר להון ישוע הימנו:
uskokaa Jeshua heille sanoi

Jeshua sanoi heille, "uskokaa!"

³² דהא אתיא שעתא והשא אתת דתתבדרון אנש לאתרה
  paikalleen ihminen teidät hajotetaan että tullut nyt ja hetki tuli katso että

Johanneksen evankeliumi

ותשבקונני בלחודי ולא הוית בלחודי דאבא עמי הו:
hän kanssani isä että yksinään olin enkä yksinään minut jätätte ja

Sillä katso, se hetki tuli, ja on nyt tullut, että teidät hajotetaan, jokainen paikkoihinsa, ja te jätätte minut yksin, enkä minä ole ollut yksin, sillä isä, hän on minun kanssani.

³³ הלין אמרת לכון דבי נהוא שלמא בעלמא הוא לכון
nämä sanonut teille että minussa oleva teille rauha maailmassa on teille

אולצנא אלא אתלבבו אנא זכיתה לעלמא:
kärsimys vaan sisäistäkää minä voittanut maailmalle

Nämä minä olen sanonut teille, että teillä olisi minun kauttani rauha. Maailmassa teillä on ahdistus, vaan laittakaa sydämeenne se, että minä olen voittanut maailman.

Luku 17

Johanneksen evankeliumi

17:1 הלין מלל ישוע וארים עינוהי לשמיא ואמר אבי
nämä puhui Jeshua ja kohotti silmänsä taivaille ja sanoi isäni

אתת שעתא שבח ברך דברך נשבחך:
tullut hetki kirkasta poikasi että poikasi kirkastava sinut

Jeshua puhui nämä, ja kohotti silmänsä taivaisiin ja sanoi, "minun isäni, se hetki on tullut. Kirkasta poikasi, että poikasi kirkastaisi sinut."

2 איכנא דיהבת לה שולטנא על כל בסר דכל מא דיהבת
samoin antanut hänelle käskyvalta yllä kaikki liha että kaikki mitä antanut

לה נתל לה חיא דלעלם:
hänelle antava hänelle elämä iankaikkinen

Samoin sinä olet antanut hänelle käskyvallan yli kaiken lihan, että jokainen, jonka sinä hänelle annat, saisi sen iankaikkisen elämän.

3 הלין אנון דין חיא דלעלם דנדעונך דאנת אנת אלהא
nämä ovat mutta elämä iankaikkinen että sinut tuntisivat että sinä sinä Jumala

דשררא בלחודיך ומן דשדרת ישוע משיחא:
totuuden yksinään ja joka lähetit Jeshua Messias

Mutta nämä ovat sitä iankaikkista elämää, että he tuntisivat sinut, että sinä, sinä olet se totuuden Jumala, sinä yksin, ja sinä olet se, joka lähetit Jeshuan, Messiaan.

4 אנא שבחתך בארעא עבדא הו דיהבת לי דאעבד שלמתה:
minä kirkastanut sinut maassa teot hän jotka antanut minulle että tekemään täyttänyt sen

Minä olen kirkastanut sinut maassa; ne teot, jotka hän on minulle antanut tehtäväksi, minä olen täyttänyt.

5 והשא שבחיני אנת אבי לותך בהו שובחא דאית הוא
ja nyt kirkasta minut sinä isäni luonasi siinä kirkkaus joka oli

לי לותך מן קדם דנהוא עלמא:
minulla luonasi edestä että oleva maailma

Ja nyt, kirkasta sinä minut, minun isäni, sinun luonasi, sillä kirkkaudella, joka minulla oli sinun luonasi, ennen kuin maailma tuli olemaan.

6 אודעת שמך לבני אנשא הנון דיהבת לי מן עלמא דילך
tein tunnetuksi nimesi lapsille ihmiset nämä jotka annettu minulle maailmasta sinun

Johanneksen evankeliumi

הוו ולי יהבת אנון ונטרו מלתך:
sanasi varjelevat ja ovat annettu minulle ja olivat

Minä tein tunnetuksi sinun nimesi ihmisten lapsille, näille, jotka minulle ovat annetut maailmasta. He olivat sinun, ja heidät on annettu minulle, ja he pitävät sinun sanasi.

7
השא ידעת דכל מא דיהבת לי מן לותך הו:
hän luotasi minulle antanut joka kaikki että tuntenut nyt

Nyt, minä olen tuntenut, että kaikki, jotka sinä olet minulle antanut, ovat sinun luotasi.

8
דמלא דיהבת לי יהבת להון והנון קבלו וידעו שריראית
todellisesti tuntevat ja vastaanottaneet nämä ja heille antanut minulle antanut jotka sanat että

דמן לותך נפקת והימנו דאנת שדרתני:
minut lähetit sinä että uskoneet ja lähtenyt luotasi että

Sillä ne sanat, jotka sinä olet antanut minulle, minä olen antanut heille, ja nämä ovat ottaneet ne vastaan, ja tuntevat todellakin, että minä olen sinun luotasi lähtenyt, ja uskovat, että sinä lähetit minut.

9
ואנא עליהון בעא אנא לא הוא על עלמא בעא אנא
minä pyydä maailma ylle ole ei minä pyydä heidän ylleen minä ja

אלא על הנון דיהבת לי דדילך אנון:
ovat sinun jotka minulle antanut jotka heidät ylle vaan

Ja minä esirukoilen heidän edestään. En minä maailman edestä esirukoile, vaan heidän edestään, jotka sinä olet minulle antanut – jotka ovat sinun omasi.

10
וכל מדם דדילי הו דילך הו ודילך דילי הו
hän minun sinun ja hän sinun hän minun joka asia kaikki ja

ומשבח אנא בהון:
heissä minä kirkastun ja

Ja kaikki se, joka on minun, se on sinun, ja joka on sinun, se on minun, ja minä kirkastun niiden kautta.

11
מכיל לא הוית בעלמא והלין בעלמא אנון ואנא לותך
luoksesi minä ja heidät maailmassa nämä ja maailmassa ole ei siis

אתא אנא אבא קדישא טר אנון בשמך הו דיהבת לי דנהוון
olisivat että minulle antanut jonka hän nimessäsi ovat varjele pyhä isä minä tulen

Luku 17

Johanneksen evankeliumi

חד איכנא דחנן:
me että samoin yksi

Minä en siis ole maailmassa, ja nämä ovat maailmassa, ja minä tulen sinun luoksesi. Pyhä isä, varjele heidät sinun nimessäsi, siinä, jonka sinä olet minulle antanut, että he olisivat yksi, samoin kuin mekin.

¹² כד עמהון הוית בעלמא אנא נטר הוית להון בשמך לאילין
niille nimessäsi heille olin varjeleva minä maailmassa olin kanssaan kun

דיהבת לי נטרת ואנש מנהון לא אבד אלא ברה דאבדנא
Abaddon'n poikansa vaan katoa ei heistä ihminen ja varjellut minulle antanut jotka

דנתמלא כתבא:
kirjoitus täyttyvä että

Kun minä olin heidän kanssaan maailmassa, minä varjelin heitä sinun nimessäsi, niitä, jotka sinä olit minulle antanut, minä varjelin; eikä kukaan heistä kadonnut, paitsi se Abaddon'n poika, että se kirjoitus täyttyisi.

¹³ השא דין לותך אתא אנא והלין ממלל אנא בעלמא דתהוא
olisi että maailmassa minä puhuin nämä ja minä tulen luoksesi mutta nyt

חדותי משמליא בהון:
heissä täydellinen iloni

Mutta nyt minä tulen sinun luoksesi, ja nämä minä puhuin maailmassa, että minun iloni olisi täytetty heissä.

¹⁴ אנא יהבת להון מלתך ועלמא סנא אנון דלא הוו
olivat ettei heitä vihasi maailma ja sanasi heille antanut minä

מן עלמא איכנא דאנא לא הוית מן עלמא:
maailmasta ollut en minä että samoin maailmasta

Minä olen antanut heille sinun sanasi, ja maailma inhoaa heitä, sillä he eivät ole maailmasta, samoin kuin en minäkään ollut maailmasta.

¹⁵ לא הוא דתשקול אנון מן עלמא בעא אנא אלא דתטר
varjelisit että vaan minä pyydä maailmasta heidät ottaisit että ole ei

אנון מן בישא:
pahasta heidät

En minä esirukoile, että ottaisit heidät pois maailmasta, vaan että sinä varjelisit heidät pahalta.

Johanneksen evankeliumi

16 לָא הֲוֻו גִיר מֶן עָלמָא אַיכַּנָא דַאנָא לָא הוִית מֶן עָלמָא:
    maailmasta ollut en minä että samoin maailmasta sillä olivat ei

Sillä he eivät ole maailmasta, samoin kuin en minäkään ollut maailmasta.

17 אַבָא קַדֶּשׁ אֶנוּן בַּשׁרָרָך דּמֶלתָך דִּילָך שׁרָרָא הי:
    se totuus sinun sanasi että totuudessasi heidät pyhitä isä

Isä, pyhitä heidät sinun totuudessasi, sillä se sinun oma sanasi, se on se totuus.

18 אַיכַּנָא דּלִי שַׁדַּרתּ לעָלמָא אָף אֶנָא שַׁדּרֶת אֶנוּן לעָלמָא:
    maailmalle heidät lähetin minä myös maailmalle lähetit minulle että samoin

Samoin kuin sinä lähetit minut maailmaan, myös minä lähetin heidät maailmaan.

19 וְעַל אַפַּיהוּן אֶנָא מקַדֵּשׁ אנָא נַפשׁי דּנֶהווֹן אָף הֶנוּן
    nämä myös olisivat että sieluni minä pyhitän minä heidän kasvojensa ylle ja

מקַדּשִׁין בַּשׁרָרָא:
    totuudessa pyhitetyt

Ja heidän puolestaan minä pyhitän minun sieluni, että myös nämä olisivat pyhitetyt siinä totuudessa.

20 ולָא הוָא עַל אַפַּי הָלֵין בָּעֵא אנָא בַּלחוּד אֶלָא אָף עַל אַפַּי
    kasvot ylle myös vaan yksin minä pyydän nämä kasvot ylle ole ei ja

אַילֵין דַּמהַימנִין בִּי בּמֶלתהוּן:
    heidän sanassaan minussa uskovat jotka ne

En minä yksin näiden puolesta esirukoile, vaan myös niiden puolesta, jotka uskovat minuun heidän sanansa kautta.

21 דּכֻלהוּן נֶהווֹן חַד אַיכַּנָא דַאנתּ אָבי בִּי וֶאנָא בָּך דָּאף הֶנוּן
    nämä myös että sinussa minä ja minussa isäni sinä että samoin yksi olisivat he kaikki että

בַּן חַד נֶהווֹן דּנהַימֶן עָלמָא דַאנתּ שַׁדַּרתָּני:
    minut lähetit sinä että maailma uskoisi että olisivat yksi meissä

Että he kaikki olisivat yksi, samoin kuin sinä, minun isäni, olet minussa ja minä sinussa, että myös nämä meidän kauttamme olisivat yksi, että maailma uskoisi, että sinä lähetit minut.

Luku 17

Johanneksen evankeliumi

²²ואנא שובחא דיהבת לי יהבת להון דנהוון חד איכנא
samoin yksi olisivat että heille antanut minulle antanut joka kirkkaus minä ja

דחנן חד חנן:
me yksi me että

Ja se kirkkaus, jonka sinä olet minulle antanut, minä olen antanut heille, että he olisivat yksi, samoin kuin mekin olemme yksi.

²³אנא בהון ואנת בי דנהוון גמירין לחד ודנדע עלמא דאנת
sinä että maailma tunteva että ja yhdelle täydelliset olisivat että minussa sinä ja heissä minä

שדרתני ודאחבת אנון איכנא דאף לי אחבת:
rakastanut minulle myös että samoin heitä rakastanut että ja minut lähetit

Minä heissä, ja sinä minussa, että he olisivat täydelliset, yhtä varten, ja että maailma tuntisi, että sinä lähetit minut, ja että sinä olet heitä rakastanut, samoin kuin myös olet minua rakastanut.

²⁴אבא הנון דיהבת לי צבא אנא דאתר דאנא אף הנון
nämä myös minä että missä että minä tahdon minulle antanut jotka nämä isä

נהוון עמי דנהוון חזין שובחא דילי הו דיהבת לי
että minulle antanut jonka hän minun kirkkaus näkevät olisivat että kanssani olisivat

דאחבתני מן קדם תרמיתה דעלמא:
maailman perustamisestaan edestä minua rakastanut

Isä, nämä, jotka sinä olet antanut minulle, minä tahdon, että missä minä olen, myös nämä olisivat minun kanssani, että he olisivat näkemässä sitä minun kirkkauttani, jonka sinä olet minulle antanut, sillä sinä olet rakastanut minua ennen maailman perustamista.

²⁵אבי כאנא ועלמא לא ידעך אנא דין ידעתך והנון ידעו
tuntevat nämä ja sinut tunnen mutta minä sinua tunne ei maailma ja puhdas isäni

דאנת שדרתני:
minut lähetit sinä että

Puhdas isäni, maailma ei sinua tunne, mutta minä tunnen sinut, ja nämä tuntevat, että sinä lähetit minut.

²⁶ואודעת אנון שמך ומודע אנא דחובא הו דאחבתני
minua rakastit jolla se rakkaus että minä tunnen ja nimesi heitä tein tunnetuksi ja

Johanneksen evankeliumi

Luku 17

נהוא בהון ואנא אהוא בהון:
heissä　　oleva minä ja　heissä　　olisi

Ja minä olen tehnyt heille tunnetuksi sinun nimesi, ja minä tunnen, että se rakkaus, jolla sinä olet minua rakastanut, on oleva heissä, ja minä olen heissä.

Luku 18

Johanneksen evankeliumi

18:1 הלין אמר ישוע ונפק עם תלמידוהי לעברא דרגלתא
　　　　pyhän paikan toiselle puolelle oppilaidensa kanssa nousi ja Jeshua　sanoi nämä

דקדרון אתר דאית הות גנתא איכא דעל הו ותלמידוהי:
oppilaansa ja hän sisään että　missä puutarha　oli siellä paikka Kidroun'n

Jeshua sanoi nämä, ja nousi oppilaidensa kanssa sen Kidrounin pyhän paikan toiselle puolelle. Siellä oli paikka, se puutarha, johon hän meni, ja hänen oppilaansa.

2 ידע הוא דין אף יהודא משלמנא לדוכתא הי מטל דסגי
　　monet että koska se　paikalle　pettäjä Jehuda myös mutta　oli tunsi

זבנא כנש הוא תמן ישוע עם תלמידוהי:
oppilaansa kanssa Jeshua siellä oli kokoontunut　kerrat

Mutta myös Jehuda, se pettäjä, tunsi sen paikan, koska monet kerrat he olivat kokoontuneet siellä Jeshuan oppilaiden kanssa.

3 הו הכיל יהודא דבר אספיר ומן לות רבי כהנא ופרישא
　　fariseukset ja　papit suuret　　luota ja　joukko johdatti Jehuda sen tähden hän

דבר דחשא ואתא לתמן עם נפטרא ולמפידא וזינא:
aseet ja　　lamput ja　soihdut kanssa　sinne　tuli ja　vartijat johdatti

Sen tähden hän, Jehuda, johdatti joukkoa, ja johdatti vartijat papiston johtajien ja fariseusten luota sinne, soihtujen ja lamppujen ja aseiden kanssa.

4 ישוע דין דידע הוא כל מדם דאתא עלוהי נפק
　　poistui　ylleen tullut joka　asia kaikki oli tunsi joka mutta　Jeshua

ואמר להון למן בעין אנתון:
te　etsitte kenelle　heille　sanoi ja

Mutta Jeshua, joka tiesi kaiken, mitä oli tullut häntä vastaan, poistui ja sanoi heille, "ketä etsitte?"

5 אמרין לה לישוע נצריא אמר להון ישוע אנא אנא קאם
　　seisoi　minä　minä Jeshua　heille　sanoi Natsaria Jeshua'lle hänelle sanoivat

הוא דין אף יהודא משלמנא עמהון:
heidän kanssaan　　pettäjä Jehuda myös mutta　oli

He sanoivat hänelle, "Jeshuaa, Natsar'laista". Hän sanoi heille, "minä, minä olen." Mutta myös Jehuda, se pettäjä, oli seisomassa heidän kanssaan.

Johanneksen evankeliumi

⁶ וכד אמר להון ישוע דאנא אנא אזלו לבסתרהון
. ja kun sanoi heille Jeshua että minä minä menivät taaksepäin

ונפלו על ארעא:
ja kaatuivat ylle maa

Ja kun Jeshua sanoi heille, että "minä, minä olen", he menivät taaksepäin ja kaatuivat maahan.

⁷ תוב שאל אנון ישוע למן בעין אנתון הנון דין
. taas kysyi heitä Jeshua kenelle etsitte te nämä mutta

אמרו לישוע נצריא:
sanoivat Jeshualle Natsaria

Taas Jeshua kysyi heiltä, "ketä te etsitte?" Mutta nämä sanoivat, "Jeshuaa, Natsar'laista".

⁸ אמר להון ישוע אמרת לכון דאנא אנא ואן לי בעין
. sanoi heille Jeshua sanonut teille että minä minä ja jos minulle etsitte

אנתון שבוקו להלין אזלין:
te päästäkää näille menevät

Jeshua sanoi heille, "minä olen sanonut teille, että 'minä, minä olen', ja jos te minua etsitte, päästäkää nämä menemään."

⁹ דתשלם מלתא דאמר דאילין דיהבת לי לא אובדת
. että täyttyisi sana joka sanoo niiden joka annettu minulle ei kadonnut

מנהון אפלא חד:
heistä myös ei yksi

Että täyttyisi se sana, joka sanoo, ettei niistä, jotka on minulle annettu, kadonnut edes yksikään.

¹⁰ שמעון דין כאפא אית הוא עלוהי ספסרא ושמטה
. Shimeon mutta Keefa (akk.) oli ylleen miekka ja veti sen

ומחיהי לעבדה דרב כהנא ושקלה אדנה דימינא
ja löi häntä työntekijälleen suuren pappi ja leikkasi sen korvansa oikean

שמה דין דעבדא מלך:
nimensä mutta työntekijää Malka

Luku 18

Johanneksen evankeliumi

Mutta Shimeon Keefa'lla oli miekka, ja hän veti sen ja löi ylipapin palvelijaa, ja leikkasi hänen oikean korvansa. Mutta sen palvelijan nimi oli Malka.

¹¹ ואמר ישוע לכאפא סים ספסרא בחלתה כסא
             malja tuppeensa miekka laita Keefa'lle Jeshua sanoi ja

דיהב לי אבי לא אשתיוהי:
sen juova enkö isäni minulle antoi jonka

Ja Jeshua sanoi Keefa'lle, "laita se miekka tuppeensa! Se malja, jonka minun isäni minulle antoi, enkö sitä joisi?"

¹² הידין אספיר וכלירכא ודחשא דיהודיא אחדוהי
       kiinniottivat juutalaisten vartijat ja sotapäällikkö ja joukko silloin

לישוע ואסרוהי:
hänet kahlitsivat ja Jeshualle

Silloin se joukko, ja sotapäällikkö ja juutalaisten vartijat ottivat kiinni Jeshuan ja kahlitsivat hänet.

¹³ ואיתיוהי לות חנן לוקדם מטל דחמוהי הוא דקיפא הו
       hän Kaifa'n oli setänsä että koska vastapäätä Channan luokse veivät ja

דאיתוהי הוא רב כהנא דשנתא הי:
se vuoden pappi suuri oli hän on joka

Ja he veivät hänet Hannan'n luokse, koska hän oli Kaifa'n setä, hänen, joka oli se sen vuoden ylipappi.

¹⁴ איתוהי הוא דין קיפא הו דמלך ליהודיא דפקח דחד
       yksi että parempi että juutalaisille neuvoi joka hän Kaifa mutta oli se *(akk.)*

גברא נמות חלף עמא:
kansa puolesta kuoleva mies

Mutta se Kaifa oli juuri hän, joka antoi juutalaisille sen ohjeen, että on parempi yhden miehen kuolla kansan puolesta.

¹⁵ שמעון דין כאפא וחד מן תלמידא אחרנא אתין הוו
       olivat tulivat toinen oppilaista yksi ja Keefa mutta Shimeon

בתרה דישוע להו דין תלמידא ידע הוא לה רב כהנא
pappi suuri hänelle oli tunsi oppilas mutta hänelle Jeshuan perässään

Luku 18

Johanneksen evankeliumi

וְעַל עַם יֵשׁוּעַ לְדָרְתָּא:
pihalle Jeshua kanssa sisään ja

Mutta Shimeon Keefa ja yksi toinen oppilaista, tulivat Jeshuan perässä sinne, mutta se oppilas tunsi ylipapin, ja meni Jeshuan kanssa sisään sinne pihalle.

¹⁶ שִׁמְעוֹן דֵּין קָאֵם הוּא לְבַר לְוָת תַּרְעָא וּנְפַק הוּ
hän lähti ja   portti luokse ulkopuoli   oli seisoi mutta Shimeon

תַּלְמִידָא אַחְרֵנָא דִידַע הוּא לֵהּ רַב כָּהֲנָא וֶאֱמַר לְנָטְרַת
vartijalle sanoi ja pappi suuri hänelle oli tunsi joka   toinen   oppilas

תַּרְעָא וְאַעֲלֵהּ לְשִׁמְעוֹן:
Shimeon'lle hänet sisään ja   portti

Mutta Shimeon seisoi ulkopuolella, portin luona, ja se toinen oppilas, joka tunsi ylipapin, lähti ja sanoi portinvartijalle, ja Shimeon pääsi sisään.

¹⁷ אֶמְרַת דֵּין עֲלַיְמְתָא נָטְרַת תַּרְעָא לְשִׁמְעוֹן לְמָא אָף
myös   mitä Shimeon'lle   portti   vartija palvelijatar mutta   sanoi

אַנְתְּ מִן תַּלְמִידוֹהִי אַנְתְּ דְּהָנָא גַּבְרָא אֲמַר לָהּ לָא:
ei hänelle sanoi mies tämän sinä   oppilaistaan   sinä

Mutta portinvartijan palvelijatar sanoi Shimeon'lle, "mitä, sinäkin olit tämän oppilaita!" Mies sanoi hänelle, "en!"

¹⁸ וְקָיְמִין הְווֹ עַבְדֵא וְדַחְשֵׁא וְסָיְמִין הְווֹ נוּרָא דְּנֶשְׁחֲנוּן מֶטֻל
koska lämmittelisivät että tuli olivat asettuneet ja vartijat ja työntekijät olivat seisoivat ja

דְּקַרִישׁ הוּא קָאֵם הוּא דֵּין אָף שֶׁמְעוֹן עַמְהוֹן וְשָׁחֵן:
lämmitteli ja kanssaan Shimeon myös mutta   oli seisoi oli kylmä että

Ja palvelijat ja vartijat olivat asettuneet tulen lähelle, että lämmittelisivät, koska oli kylmä, mutta myös Shimeon oli seisomassa heidän kanssaan, ja hän lämmitteli.

¹⁹ רַב כָּהֲנָא דֵּין שַׁאֲלֵהּ לְיֵשׁוּעַ עַל תַּלְמִידוֹהִי וְעַל יוּלְפָּנֵהּ:
opetuksensa ylle ja   oppilaansa ylle Jeshua   kysyi mutta   pappi suuri

Mutta ylipappi kysyi Jeshualta hänen oppilaistaan ja hänen opetuksestaan.

²⁰ וֶאֱמַר לֵהּ יֵשׁוּעַ אֱנָא עַיִן בְּגַלְיָא מַלְלֵת עִם עַמָּא וּבְכֻלְזְבַן
ajat kaikessa ja kansa kanssa puhunut avoimet silmät minä Jeshua hänelle sanoi ja

Luku 18

Johanneksen evankeliumi

אלפת בכנושתא ובהיכלא איכא דכלהון יהודיא מתכנשין
kokoontuivat juutalaiset he kaikki että missä temppelissä ja kokouspaikassa opettanut

ומדם בטושיא לא מללת:
puhunut ei piilossa asia ja

Ja Jeshua sanoi hänelle, "minä olen avoimesti puhunut kansan kanssa, ja koko ajan opettanut kokouspaikassa ja temppelissä, missä kaikki juutalaiset kokoontuivat, enkä ole puhunut mitään salassa."

²¹ מנא משאל אנת לי שאל להנון דשמעו מנא מללת
puhunut mitä kuulivat jotka näille kysyi minulle sinä kysyt mitä

עמהון הא הנון ידעין כל מדם דאמרת:
sanonut jota asia kaikki tuntevat nämä katso heidän kanssaan

Mitä sinä minulta kysyt? Kysy näiltä, jotka kuulivat, mitä minä olen puhunut heidän kanssaan. Katso, nämä tuntevat joka asian, mitä minä olen sanonut.

²² וכד הלין אמר חד מן דחשא דקאם הוא מחיהי על פכה
poskensa ylle häntä löi oli seisoi joka vartijoista yksi sanoi nämä kun ja

לישוע ואמר לה הכנא יהב אנת פתגמא לרב כהנא:
pappi suurelle vastaus sinä annoit sitenkö hänelle sanoi ja Jeshualle

Ja kun hän sanoi nämä, yksi vartijoista, joka oli siellä seisomassa, löi Jeshuaa poskelle ja sanoi hänelle, "niinkö sinä annat vastauksen ylipapille?"

²³ ענא ישוע ואמר לה אן אן בישאית מללת אסהד על בישתא
pahuus ylle todista sanonut pahasti jos hänelle sanoi ja Jeshua vastasi

ואן דין שפיר למנא מחיתני:
minua löit miksi kaunis mutta jos ja

Jeshua vastasi ja sanoi hänelle, "jos olen pahasti sanonut, todista se pahuus, mutta jos se oli kaunista, miksi minua löit?"

²⁴ חנן דין שדר לישוע כד אסיר לות קיפא רב כהנא:
pappi suuri Kaifa luokse kahlittu kun Jeshualle lähetti mutta Channan

Mutta Hannan lähetti Jeshuan kahlittuna ylipappi Kaifa'n luokse.

²⁵ ושמעון כאפא קאם הוא ושחן ואמרין לה למא אף אנת
sinä myös mitä hänelle sanoivat ja lämmitteli ja oli seisoi Keefa Shimeon ja

Johanneksen evankeliumi

Luku 18

חד מן תלמידוהי אנת והו כפר ואמר לא הוית:
yksi   oppilaistaan   sinä   ja hän   kielsi   ja sanoi   en   ollut

Ja Shimeon Keefa oli seisomassa, ja lämmitteli, ja hänelle sanottiin, "mitä, olitko sinäkin yksi hänen oppilaistaan?" Ja hän kielsi ja sanoi, "en ollut!"

²⁶ אמר לה חד מן עבדא דרב כהנא אחינה דהו דפסק הוא
sanoi hänelle yksi työntekijöistä suuren pappi sukulaisensa jolta leikkasi oli

שמעון אדנה לא אנא חזיתך עמה בגנתא:
Shimeon korvansa enkö minä näin sinut kanssaan puutarhassa

Yksi ylipapin palvelijoista sanoi hänelle, hänen sukulaisensa, jolta Shimeon leikkasi korvan; "enkö minä nähnyt sinut hänen kanssaan siellä puutarhassa?"

²⁷ ותוב כפר שמעון ובה בשעתא קרא תרנגלא:
ja taas kielsi Shimeon ja siinä hetkessä kutsui kukko

Ja taas Shimeon kielsi, ja sillä hetkellä se kukko kutsui.

Kutsuhuuto aamurukoukseen temppeliin, kello on 4:30 aamulla. Juhla-aikoina aamurukous on tuohon aikaan.

²⁸ איתיוהי דין לישוע מן לות קיפא לפרטורין ואיתוהי הוא
veivät hänet mutta Jeshualle luota Kaifa pretorion'lle ja se *(akk.)* oli

צפרא והנון לא עלו לפרטורין דלא נתטושון עד אכלין פצחא:
pääsiäinen ja nämä ei sisään pretorion'lle ettei saastuisi saakka söivät pääsiäinen

Mutta he veivät Jeshuan Kaifa'n luota Pretorion'lle, ja oli pääsiäinen, ja nämä eivät menneet sisään Pretorion'iin, etteivät saastuisi ennen pääsiäisaterian syömistä.

²⁹ נפק דין פילטוס לבר לותהון ואמר להון מנא מאכל קרצא
lähti mutta Pilatus ulkopuoli luokseen ja sanoi heille mikä syyttäminen

אית לכון על גברא הנא:
on teille ylle mies tämä

Mutta Pilatus lähti ulos heidän luokseen, ja sanoi heille, "mikä syytös teillä on tätä miestä vastaan?"

³⁰ ענו ואמרין לה אלו לא עבד בישתא הוא אפלא לך
vastasivat ja sanoivat hänelle jos ei teko paha hän ole myös ei sinulle

Luku 18

Johanneksen evankeliumi

משלמין הוין לה:
hänelle olisivat luovuttamassa

He vastasivat ja sanoivat hänelle, "jos hän ei olisi pahaa tehnyt, emme olisi häntä sinulle luovuttamassakaan!"

³¹ אמר להון פילטוס דוברוהי אנתון ודונוהי איך נמוסכון
teidän sananne kuin hänet tuomitkaa ja te hänet ottakaa Pilatus heille sanoi

אמרין לה יהודיא לא שליט לן למקטל לאנש:
ihmiselle tappamaan meille luvallista ei juutalaiset hänelle sanoivat

Pilatus sanoi heille, "ottakaa te hänet ja tuomitkaa sen teidän kirjoitetun sananne mukaan." Juutalaiset sanoivat hänelle, "meidän ei ole luvallista tappaa ketään."

³² דתשלם מלתא דאמר ישוע כד מודע באינא
millaisessa tunnetuksi teki kun Jeshua sanoi jonka sana täyttyisi että

מותא עתיד דנמות:
kuoleva että tuleva kuolema

Että täyttyisi se sana, jonka Jeshua sanoi, kun teki tunnetuksi, millaisella kuolemalla hän tulee kuolemaan.

³³ על דין פילטוס לפרטורין וקרא לישוע ואמר לה
hänelle sanoi ja Jeshualle kutsui ja pretorion'lle Pilatus mutta sisään

אנת הו מלכהון דיהודיא:
juutalaisten kuninkaansa hän sinä

Mutta Pilatus meni sisään Pretorion'lle ja kutsui Jeshuan ja sanoi hänelle, "sinä olet hän, juutalaisten kuningas!?"

³⁴ אמר לה ישוע מן נפשך אמרת הדא או אחרנא
toiset tai tämä sanonut sielustasi Jeshua hänelle sanoi

אמרו לך עלי:
ylleni sinulle sanoivat

Jeshua sanoi hänelle, "oletko sanonut tämän omasta sielustasi, vai sanoivatko toiset sinulle sen minusta?"

³⁵ אמר לה פילטוס למא אנא יהודיא אנא בני עמך הו
se kansasi lapset minä juutalainen minä olenko Pilatus hänelle sanoi

Johanneksen evankeliumi

ורבי כהנא אשלמוך לי מנא עבדת:
tehnyt mitä minulle sinut luovuttaneet papit suuret ja

Pilatus sanoi hänelle, "olenko minä juutalainen? Sen sinun kansasi lapset ja papiston johtajat ovat luovuttaneet sinut minulle. Mitä olet tehnyt?"

³⁶ אמר לה ישוע מלכותי דילי לא הות מן הנא עלמא אלו
jos maailma tästä   ollut ei minun kuningaskuntani Jeshua hänelle sanoi .

מן עלמא הות הנא מלכותי הוו מתכתשין משמשני דלא
ettei palvelijani olisivat taistelleet kuningaskuntan tämä ollut   maailmasta

אשתלם ליהודיא השא דין מלכותי דילי לא הות מכא:
täältä ollut ei minun kuningaskuntani mutta nyt juutalaisille luovutettu

Jeshua sanoi hänelle, "minun kuningaskuntani ei ole tästä maailmasta. Jos tämä minun kuningaskuntani olisi ollut maailmasta, minun palvelijani olisivat taistelleet, ettei minua olisi luovutettu juutalaisille. Mutta nyt, se minun kuningaskuntani ei ole täältä."

³⁷ אמר לה פילטוס מדין מלכא אנת אמר לה ישוע
Jeshua hänelle sanoi sinä kuningas siis Pilatus hänelle sanoi .

אנת אמרת דמלכא אנא אנא להדא יליד אנא ולהדא
tälle ja minä synnyin tälle minä minä kuningas että sanonut sinä

אתית לעלמא דאסהד על שררא כל מן דאיתוהי
se on joka kaikki totuus ylle todistus että maailmalle tulin

מן שררא שמע קלי:
ääneni kuulee totuudesta

Pilatus sanoi hänelle, "sinä olet siis kuningas?!" Jeshua sanoi hänelle, "sinä olet sanonut, että minä olen kuningas. Tätä varten minä synnyin, ja tätä varten minä tulin maailmaan, että todistan totuudesta, ja jokainen, joka on siitä totuudesta, kuulee minun ääneni."

³⁸ אמר לה פילטוס מנו שררא וכד אמר הדא נפק לה
hänelle poisti tämä sanoi kun ja totuus mikä Pilatus hänelle sanoi .

תוב לות יהודיא ואמר להון אנא אפלא חדא עלתא
virhe yksi ei edes minä heille sanoi ja juutalaiset luokse taas

משכח אנא בה:
hänessä minä löydä

Pilatus sanoi hänelle, "mikä on se totuus?" Ja tämän sanottuaan hän poistui taas juutalaisten luokse ja sanoi heille, "minä en löydä hänessä yhtäkään virhettä."

Luku 18

Johanneksen evankeliumi

³⁹ עִידָא דִין אִית לְכוֹן דְחַד דְחַד אֶשְׁרָא לְכוֹן בְּפִצְחָא צָבִין אַנְתּוּן
te tahdotteko pääsiäisessä teille vapauttaa yhden teille on mutta tapa

הָכִיל אֶשְׁרָא לְכוֹן לְהָנָא מַלְכָּא דִיהוּדָיֵא:
juutalaisten kuningas tälle teille vapautan sen tähden

Mutta teille on tapana vapauttaa yksi pääsiäisenä. Sen tähden, tahdotteko te, että vapautan teille tämän juutalaisten kuninkaan?

⁴⁰ וּקְעוֹ כֻּלְהוֹן וְאָמְרִין לָא לְהָנָא אֶלָא לְבַר־אַבָּא אִיתוֹהִי
se *(akk.)* Bar-Abba'lle vaan tälle ei sanoivat ja he kaikki huusivat ja

הוּא דִין הָנָא בַּר־אַבָּא גַיָסָא:
rosvo Bar-Abba tämä mutta oli

Ja he kaikki huusivat ja sanoivat, "ei tätä, vaan Bar-Abba!" Mutta tämä Bar-Abba oli rosvo.

Luku 19

Johanneksen evankeliumi

19:1 הידין פילטוס נגדה לישוע:
  Jeshualle ruoski Pilatus silloin

Silloin Pilatus ruoski Jeshuan.

² ואסטרטיוטא גדלו כלילא מן כובא וסמו לה ברשה
  pääsään sille laittoivat ja orjantappurasta kruunu kietoivat sotamiehet ja

וכסיוהי נחתא דארגונא:
  helakanpunaisen viitta hänet pukivat ja

Ja sotamiehet kietoivat orjantappurasta kruunun, ja laittoivat sen hänen päähänsä, ja pukivat hänet punaiseen viittaan.

³ ואמרין הוו שלם לך מלכא דיהודיא ומחין הוו לה על פכוהי:
  poskilleen ylle hänelle olivat löivät ja juutalaisten kuningas sinulle shalom olivat sanoivat ja

Ja sanoivat "shalom sinulle, juutalaisten kuningas!" Ja löivät häntä poskille.

⁴ ונפק פילטוס תוב לבר ואמר להון הא מפק אנא לה לכון
  teille hänelle minä lähetin katso heille sanoi ja ulkopuoli taas Pilatus lähti ja

לבר דתדעון דלא משכח אנא בתרה אפלא חדא עלתא:
  virhe yksi ei edes perässään minä löydä etten tietäisitte että ulkopuoli

Ja Pilatus lähti taas ulos ja sanoi heille, "katso, minä lähetin hänet teille ulkopuolelle, että te tietäisitte, etten minä löytänyt hänestä yhtäkään virhettä."

⁵ ונפק ישוע לבר כד אית עלוהי כלילא דכובא
  orjantappuran kruunu yllään oli kun ulkopuoli Jeshua lähti ja

ונחתא דארגונא ואמר להון פילטוס הא גברא:
  mies katso Pilatus heille sanoi ja helakanpunaisen viitta ja

Ja Jeshua poistui ulos, yllään orjantappurakruunu ja se punainen viitta, ja Pilatus sanoi heille, "katso, mies!"

⁶ כד דין חזאוהי רבי כהנא ודחשא קעו ואמרין צלוביהי
  hänet hirteen sanoivat ja huusivat vartijat ja papit suuret hänet näkivät mutta kun

צלוביהי אמר להון פילטוס דברו אנתון וזוקפוהי אנא גיר
  sillä minä ristiinnaulita ja te johdattakaa Pilatus heille sanoi hänet hirteen

לא משכח אנא בה עלתא:
  virhe hänessä minä löydä en

Luku 19

Johanneksen evankeliumi

Mutta kun papiston johtajat ja vartijat näkivät hänet, he huusivat ja sanoivat, "hirteen! hirteen hänet!" Pilatus sanoi heille, "johdattakaa te ja ristiinnaulitkaa, sillä minä en löytänyt hänestä virhettä!"

⁷ אמרין לה יהודיא לן נמוסא אית לן ואיך דבנמוסן
    sanassamme joka kuin ja meille on   sana meille juutalaiset hänelle sanoivat

חיב הו מותא דעבד נפשה ברה דאלהא:
    Jumalan poikansa sielunsa teki että kuolema hän syyllinen

Juutalaiset sanoivat hänelle, "meille on kirjoitettu sana, ja sen meidän kirjoitetun sanamme mukaan hän on syyllinen kuolemaan, sillä hän teki oman sielunsa Jumalan pojaksi."

⁸ כד שמע דין פילטוס הדא מלתא יתיראית דחל:
    kunnioitti enemmän   sana tämä Pilatus mutta kuuli kun

Mutta kun Pilatus kuuli tämän sanan, hän kunnioitti runsaammin.

⁹ ועל תוב לפרטורין ואמר לישוע אימכא אנת
    sinä mistä Jeshualle sanoi ja pretorion'lle taas sisään ja

ישוע דין פתגמא לא יהב לה:
    hänelle antoi ei vastaus mutta Jeshua

Ja hän meni taas sisään Pretorion'lle, ja sanoi Jeshualle, "mistä sinä olet?" Mutta Jeshua ei antanut hänelle vastausta.

¹⁰ אמר לה פילטוס עמי לא ממלל אנת לא ידע אנת
    sinä tiedä etkö sinä puhu et kanssani Pilatus hänelle sanoi

דשליט אנא דאשריך ושליט אנא דאזקפך:
    sinut ristiinnaulita minä lupa ja sinut vapauttaa minä lupa että

Pilatus sanoi hänelle, "etkö sinä puhu kanssani? Etkö sinä tiedä, että minulla on lupa vapauttaa sinut, ja minulla on lupa ristiinnaulita sinut?"

¹¹ אמר לה ישוע לית לך הוא עלי שולטנא אף לא חד אלו
    jos yksi ei edes käskyvalta ylleni sinulle ole ei ole Jeshua hänelle sanoi

לא יהיב הוא לך מן לעל מטל הנא הו מן דאשלמני לך
    sinulle minut luovutti joka hän tämä tähden ylhäältä sinulle ole annettu ei

רבא הי חטיתה מן דילך:
    sinun joka syntinsä se suuri

Johanneksen evankeliumi

Jeshua sanoi hänelle, "sinulla ei ole minua vastaan yhtäkään käskyvaltaa, ellei sinulle olisi ylhäältä annettu. Tämän tähden hänen, joka luovutti minut sinulle, syntinsä on suurempi kuin sinun."

12

ומטל הדא צבא הוא פילטוס דנשריוהי יהודיא דין קעין
. ja tämän tähden oli Pilatus että vapauttava hänet juutalaiset mutta huusivat

הוו דאן להנא שרא אנת לא הוית רחמה דקסר כל מן גיר
olivat että jos tälle vapautat sinä et ollut ystävänsä keisarin kaikki kuka sillä

דנפשה מלכא עבד סקובלא הו דקסר:
joka sielunsa kuningas tekee vihollinen hän keisarin

Ja tämän tähden Pilatus tahtoi vapauttaa hänet. Mutta juutalaiset huusivat, että "jos sinä tämän vapautat, et ole keisarin ystävä, sillä jokainen, joka tekee sielunsa kuninkaaksi, hän on keisarin vihollinen!"

13

כד שמע דין פילטוס הדא מלתא אפקה לישוע לבר
. kun kuuli mutta Pilatus tämä sana vietiin Jeshualle ulkopuoli

ויתב על בים בדוכתא דמתקריא רציפתא דכאפא עבראית
ja istui ylle istuin paikassa joka kutsuttu Retsiftha Keefa'n hebreaksi

דין מתאמרא גפיפתא:
mutta sanottu Gafiftha

Mutta kun Pilatus kuuli tämän sanan, Jeshua vietiin ulkopuolelle, ja hän istui tuomioistuimen ylle siinä paikassa, joka on kutsuttu "Keefa'n Retsiftha", mutta hebreaksi sitä sanottiin "Gafiftha".

Retsifta mainitaan muissakin sen ajan aramean kielisissä kirjoituksissa. Jastrowin mukaan Beet-Sheanin lähellä.

14

וערובתא הות דפצחא ואית הוי איך שעא שת
. ja aatto oli pääsiäisen ja (akk.) oli kuin hetki kuudes

ואמר ליהודיא הא מלככון:
ja sanoi juutalaisille katso kuninkaanne

Ja oli pääsiäisen aatto, ja siellä oli noin kuudes hetki, ja hän sanoi juutalaisille, "katso, teidän kuninkaanne!"

15

הנון דין קעין הוו שקוליהי שקוליהי צלוביהי צלוביהי
. nämä mutta huusivat olivat hänet pois hänet pois hänet hirteen hänet hirteen

אמר להון פילטוס למלככון אזקוף אמרין רבי כהנא
sanoi heille Pilatus kuninkaallenne ristiinnaulita sanoivat suuret papit

167

Luku 19

Johanneksen evankeliumi

לית לן מלכא אלא אן קסר:
keisari jos vaan kuningas meille ei ole

Mutta nämä huusivat, "pois hänet, pois hänet! Hirteen hänet, hirteen hänet!" Pilatus sanoi heille, "teidän kuninkaanneko ristiinnaulitaan?" Papiston johtajat sanoivat, "meillä ei ole kuningasta, paitsi keisari."

¹⁶ הידין אשלמה להון דנזקפוניהי ודברוהי לישוע ואפקוהי:
hänet ulos veivät ja Jeshualle johdattivat ja hänet ristille että heille hänet luovutti silloin

Silloin hän luovutti hänet heille, että he ristiinnaulitsisivat hänet, ja he johdattivat Jeshuaa ja veivät hänet ulos.

¹⁷ כד שקיל זקיפה לדוכתא דמתקריא קרקפתא
Karkaftha kutsuttu joka paikalle ristinsä kantoi kun

עבראית דין מתאמרא גגולתא:
Gagoltha sanottu mutta hebreaksi

Kantaen ristiään hän meni paikalle, joka on kutsuttu "Karkaftha", mutta hebreaksi sanottiin "Gagoltha".

¹⁸ אתר דזקפוהי ועמה תרין אחרנין חד מכא
puoli yksi toiset kaksi kanssaan ja ristiinnaulitsivat paikka

וחד מכא ולישוע במצעתא:
keskellä Jeshualle ja puoli yksi ja

Siellä hänet ristiinnaulittiin, ja toiset kaksi hänen kanssaan, yksi sivulle ja yksi sivulle, ja Jeshua keskellä.

¹⁹ וכתב אף לוחא פילטוס וסם על זקיפה כתיב הוא דין הכנא
siten mutta oli kirjoitus ristinsä yllä lattoi ja Pilatus taulu myös kirjoitti ja

הנא ישוע נצריא מלכא דיהודיא:
juutalaisten kuningas Natsaria Jeshua tämä

Ja Pilatus kirjoitti myös taulun, ja laittoi sen hänen ristinsä päälle, mutta tämä kirjoitus oli näin; "Jeshua Natsaria, juutalaisten kuningas".

²⁰ ולהנא דפא סגיאא מן יהודיא קראוהי מטל דקריבא הות
oli lähellä että koska sen lukivat juutalaisista monet kyltti tälle ja

למדינתא דוכתא דאזדקף בה ישוע וכתיב הוא עבראית
hebreaksi oli kirjoitus ja Jeshua siinä ristiinnaulittu jossa paikka kaupungille

168

Johanneksen evankeliumi

Luku 19

וְיוּנָאִית וְרהוּמָאִית:
roomaksi ja jaavaniksi ja

Ja monet juutalaisista lukivat tämän kyltin, koska se paikka, jossa Jeshua oli ristiinnaulittu, oli lähellä kaupunkia, ja se kirjoitus oli hebreaksi ja jaavaniksi ja roomaksi.

21
וַאֲמַרוּ רַבֵּי כָּהְנָא לְפִילָטוֹס לָא תִכְתּוֹב דְמַלְכָּא הוּ דִיהוּדָיֵא
juutalaisten hän kuningas että kirjoittaisi älä Pilatukselle papit suuret sanoivat ja

אֶלָא דְהוּ אָמַר דְמַלְכָּא אֲנָא דִיהוּדָיֵא:
juutalaisten minä kuningas että sanoi hän että vaan

Ja papiston johtajat sanoivat Pilatukselle, "olisitko kirjoittamatta, että hän on juutalaisten kuningas, vaan että hän sanoi, että 'minä olen juutalaisten kuningas'?"

22
אָמַר פִּילָטוֹס מֶדֶם דְכִתְבֵת כִּתְבֵת:
kirjoittanut kirjoittanut jonka asia Pilatus sanoi

Pilatus sanoi, "minkä olen kirjoittanut, sen olen kirjoittanut!"

23
אֶסְטְרַטִיוֹטֵא דֵין כַּד זְקַפוּהִי לְיֵשׁוּעַ שְׁקַלוּ נַחְתּוֹהִי וַעֲבַדוּ
tekivät ja vaatteensa ottivat Jeshualle ristiinnaulinneet kun mutta sotamiehet

לְאַרְבַּע מְנָוָן מְנָתָא לְחַד מִן אֶסְטְרַטִיוֹטֵא כּוּתִינֵה דֵין אִיתֶיה
neljälle niistä osa yhdelle sotamiehistä pukunsa mutta se

הוָת דְלָא חִיטָא מִן לְעֵל זְקִירְתָא כֻּלָה:
oli ilman sauma ylhäältä neulottu kaikkensa

Mutta kun sotamiehet olivat ristiinnaulinneet Jeshuan, he ottivat hänen vaatteensa ja laittoivat ne neljään osaan, yksi sotamiestä kohti, mutta se hänen pukunsa oli saumaton, ylhäältä kokonaan neulottu.

24
וַאֲמַרוּ חַד לְחַד לָא נַסְדְקֵיה אֶלָא נַפֵּס עֲלֶיה מַפֵּס דְמַנוּ
kenen osa ylleen arpokaamme vaan sen repivä ei yhdelle yksi sanoivat ja

תֶהְוֵא וְשָׁלֵם כְּתָבָא דֶאֱמַר דְפַלְגוּ נַחְתַּי בֵּינָתְהוֹן וְעַל לְבוּשַׁי
vaatteideni ylle ja keskenään pukuni jakoivat että sanoo joka kirjoitus täyttyi ja oleva

אַרְמִיו פֶּסָא הָלֵין עֲבַדוּ אֶסְטְרַטִיוֹטֵא:
sotamiehet tekivät nämä arpaa heittivät

Ja he sanoivat toinen toiselleen, "älkäämme repikö sitä, vaan arpokaamme siitä, kenen osa se on oleva." Ja täyttyi se kirjoitus, joka sanoo, että "he jakoivat minun pukuni keskenään, ja heittivät arpaa minun vaatteistani". Nämä asiat ne sotamiehet tekivät!

Luku 19

Johanneksen evankeliumi

²⁵קימן הוי דין לות זקיפה דישוע אמה וחתה דאמה
אitinsä sisarensa ja äitinsä Jeshuan ristinsä luona mutta olivat seisoivat

ומרים הי דקליופא ומרים מגדליתא:
Magdalaitha Mirjam ja Kleofa'n hän Mirjam ja

Mutta Jeshuan ristin luona oli seisomassa hänen äitinsä ja hänen äitinsä sisar, ja Mirjam, se Kleofa'n, ja Mirjam Magdalaitha.

²⁶ישוע דין חזא לאמה ולתלמידא הו דרחם הוא דקאם
seisoi joka oli rakasti jota hän oppilaalleen ja äidilleen näki mutta Jeshua

ואמר לאמה אנתתא הא ברכי:
poikasi katso vaimo äidilleen sanoi ja

Mutta Jeshua näki äitinsä ja sen oppilaan, jota hän rakasti, joka seisoi, ja sanoi äidilleen, "vaimo, katso, sinun poikasi!"

²⁷ואמר לתלמידא הו הא אמך ומן הי שעתא דברה
poikansa hetki siitä ja äitisi katso hän oppilaalle sanoi ja

תלמידא הו לותה:
luokseen hän oppilas

Ja hän sanoi sille oppilaalle, "katso, sinun äitisi!" Ja siitä hetkestä oppilas oli hänen poikansa, hänen luonaan.

²⁸בתר הלין ידע ישוע דכלמדם אשתלם ודנתמלא
täyttyvä että ja lopettanut asia kaikki että Jeshua tiesi nämä jälkeen

כתבא אמר צהא אנא:
minä janoan sanoi kirjoitus

Näiden jälkeen Jeshua tiesi, että kaikki oli loppuun saatettu, ja että se kirjoitus täyttyisi, hän sanoi, "minulla on jano."

²⁹ומאנא סים הוא דמלא חלא הנון דין מלו אספוגא
sieni täyttivät mutta nämä etikkaa täynnä joka oli laitettu astia ja

מן חלא וסמו על זופא וקרבו לות פומה:
suunsa luokse lähestyi ja isoppi yllä laittoivat ja etikasta

Ja astia oli laitettu, joka oli täynnä etikkaa. Mutta nämä täyttivät sienen etikasta ja laittoivat isopin päälle, ja toivat sen hänen suunsa lähelle.

Luku 19

Johanneksen evankeliumi

³⁰ כד דין שקל הו חלא ישוע אמר הא משלם וארכן
. kun mutta otti hän etikka katso sanoi Jeshua täytetty ja taivutti

רשה ואשלם רוחה:
päänsä ja luovutti henkensä

Mutta kun hän otti etikkaa, Jeshua sanoi, "katso, täytetty!" ja hän taivutti päänsä ja luovutti henkensä.

³¹ יהודיא דין מטל דערובתא הות אמרין לא נבותון פגרא
. juutalaiset mutta koska että ilta oli sanoivat ei yöpyvä ruumiit

הלין על זקיפיהון מטל דשבתא נגהא יומא הוא גיר רבא
nämä ylle ristit heidän koska että sapatti alkamassa päivä oli sillä suuri

יומא דשבתא הי ובעו מן פילטוס דנתברון שקיהון דהנון
päivä sapatin se ja pyysivät Pilatuksesta että murtaisivat säärensä näiden jotka

זקיפא ונחתון אנון:
ristit ja ottava alas heidät

Mutta koska oli ilta, juutalaiset sanoivat, "älköön ruumiit yöpykö näillä heidän risteillään, koska sapatti on alkamassa." Sillä se päivä oli suuri sapatin päivä, ja he pyysivät Pilatukselta, he murtaisivat heidän säärensä, niiden, jotka olivat risteillä, ja hän ottaisi heidät alas.

³² ואתו אסטרטיוטא ותברו שקוהי דקדמיא ודהו
. ja tulivat sotamiehet ja mursivat säärensä ensimmäisen ja hänen

אחרנא דאזדקף עמה:
toinen joka ristiinnaulittu kanssaan

Ja sotamiehet tulivat, ja mursivat sääret ensimmäiseltä, ja siltä toiselta, joka oli ristiinnaulittu hänen kanssaan.

³³ וכד אתו לות ישוע חזו דמית לה מן כדו ולא תברו שקוהי:
. ja kun tulivat luokse Jeshua näkivät että kuollut hänelle siitä eikä mursivat säärensä

Ja tullessaan Jeshuan luokse he näkivät, että hän on jo kuollut, eivätkä murtaneet hänen sääriään.

³⁴ אלא חד מן אסטרטיוטא מחיהי בדפנה בלוכיתא
. vaan yksi sotamiehistä löi häntä kyljessään keihäässä

ומחדא נפק דמא ומיא:
ja heti lähti veri ja vesi

Luku 19

Johanneksen evankeliumi

Vaan yksi sotamiehistä löi häntä keihäällä hänen kylkeensä, ja heti lähti ulos veri ja vesi.

35 ומן דחזא אסהד ושרירא הי סהדותה והו ידע דשררא
ja joka näki ja todistaa se todistus totuus ja hän tunsi totuuden

אמר דאף אנתון תהימנון:
sanoi että myös te uskoisitte

Ja joka sen näki, todistaa, ja se hänen todistuksensa on totuus, ja hän tunsi sen totuuden, ja hän sanoi, että tekin uskoisitte.

36 הלין גיר הוי דנתמלא כתבא דאמר דגרמא לא
nämä sillä oli että täyttyisi kirjoitus joka sanoo että luu ei

נתתבר בה:
murrettava hänessä

Sillä nämä tapahtuivat, että täyttyisi se kirjoitus, joka sanoo, että "älköön häneltä luuta rikottako".

37 ותוב כתבא אחרנא דאמר דנחורון במן דדקרו:
ja taas kirjoitus toinen joka sanoo että katsahtavat kenessä jonka lävistivät

Ja taas se toinen kirjoitus, joka sanoo, että "he katsovat häneen, jonka he lävistivät".

38 בתר הלין יוסף הו דמן רמתא בעא מן פילטוס
jälkeen nämä Josef hän joka Ramtha'sta pyysi Pilatuksesta

מטל דתלמידא הוא דישוע ומטשא הוא מן דחלתא
koska että oppilas oli Jeshuan ja salaa oli pelosta

דיהודיא דנשקול פגרה דישוע ואפס פילטוס ואתא
juutalaisten että ottaisi ruumiinsa Jeshuan ja salli Pilatus ja tuli

ושקל פגרה דישוע:
ja otti ruumiinsa Jeshuan

Näiden jälkeen Josef, hän, joka oli Ramtha'sta, pyysi Pilatukselta – koska hän oli Jeshuan oppilas, ja oli salaa, juutalaisten pelosta – että hän saisi ottaa Jeshuan ruumiin, ja Pilatus salli, ja hän tuli, ja otti Jeshuan ruumiin.

39 ואתא אף ניקדמוס הו דאתא הוא מן קדים לות ישוע
ja tuli myös Nikodemus hän joka tullut oli entisestä luokse Jeshua

Johanneksen evankeliumi

בלליא ואיתי עמה חונטתא דמורא ודעלוי איך מאא ליטרין:
litrat sata kuin aloen ja mirhan yrtit kanssaan toi ja yöllä

Ja tuli myös Nikodemus, hän, joka oli tullut aikaisemmin Jeshuan luokse yöllä, ja hän toi kanssaan yrttejä, mirhaa ja aloe veraa, noin sata litraa.

Litrat on *litrain*, siis yksikkömuoto *litra* arameassakin. Tästäkö suomalainenkin sana on lähtöisin?

⁴⁰ ושקלוהי לפגרה דישוע וכרכוהי בכתנא ובבסמא
voiteessa ja kankaassa sen kääri ja Jeshuan ruumiilleen sen otti ja

איכנא דאית עידא ליהודיא דנקברון:
haudattavat että juutalaisille tapa oli joka kuten

Ja hän otti Jeshuan ruumiin ja kääri sen kankaaseen ja voiteeseen, kuten juutalaisilla oli tapana haudata.

⁴¹ אית הות דין בהי דוכתא דאזדקף בה ישוע גנתא
puutarha Jeshua siinä ristin paikka siinä mutta oli (akk.)

ובה בגנתא בית קבורא חדתא דאנש עדכיל לא
ei vielä ihminen että uusi hauta huone puutarhassa siinä ja

אתתסים הוא בה:
siinä oli laitettu

Mutta siinä Jeshuan ristin paikassa oli se puutarha, ja siinä puutarhassa oli uusi hautahuone, johon ei oltu vielä ketään laitettu.

⁴² וסמוהי תמן לישוע מטל דשבתא עאלא הות ומטל
koska ja oli tulossa sapatti että koska Jeshuan sinne hänet laittoi ja

דקריב הוא קברא:
hauta oli lähellä että

Ja hän laittoi Jeshuan sinne, koska se sapatti oli alkamassa, ja koska se hauta oli lähellä.

Luku 20

Johanneksen evankeliumi

20:1 בחד בשבא דין אתת מרים מגדליתא בצפרא עד
kun aamulla Magdalitha Mirjam tuli mutta viikon ensimmäisessä

חשוך לבית קבורא וחזת לכאפא דשקילא מן קברא:
haudasta otettu että kivelle näki ja hauta huoneelle pimeää

Mutta viikon ensimmäisenä tuil Mirjam Magdalitha, aamulla, kun oli pimeää, sille hautahuoneelle, ja hän näki, että se kivi oli otettu pois haudalta.

2 ורהטת אתת לות שמעון כאפא ולות הו תלמידא אחרנא
toinen oppilas hän luokse ja Keefa Shimeon luokse tuli juoksi ja

דרחם הוא ישוע ואמרא להון דשקלוהי למרן מן הו
siitä herrallemme otettu pois että heille sanoi ja Jeshua oli rakasti jota

בית קבורא ולא ידעא אנא איכא סמוהי:
hänet laitettu mihin minä tiedä enkä hauta huone

Ja hän tuli juosten Shimeon Keefa'n luokse, ja sen toisen oppilaan luokse, jota Jeshua rakasti, ja sanoi heille, että "meidän Herramme on otettu pois siitä hautahuoneesta, enkä minä tiedä, minne hänet on laitettu!"

3 ונפק שמעון והו תלמידא אחרנא ואתין הוו לבית קבורא:
hauta huoneelle olivat tulivat ja toinen oppilas hän ja Shimeon lähti ja

Ja Shimeon lähti, ja se toinen oppilas, ja he tulivat sille hautahuoneelle.

4 ורהטין הוו תריהון אכחדא הו דין תלמידא רהט קדמה
edellään juoksi oppilas mutta hän yksi kuin he kaksi olivat juoksivat ja

לשמעון ואתא קדמיא לבית קבורא:
hauta huonelle ensimmäinen tuli ja Shimeon'lle

Ja he kaksi juoksivat kuin yhtenä, mutta hän, se oppilas, juoksi Shimeonin edellä ja tuli ensimmäisenä sille hautahuoneelle.

5 ואדיק חזא כתנא כד סימין מעל דין לא על:
sisään ei mutta sisälle asetetut kun kankaat näki tarkatessa ja

Ja katsoessaan hän näki ne kankaat asetettuina, mutta sinne sisälle hän ei mennyt.

6 אתא דין שמעון בתרה ועל לבית קבורא וחזא
näki ja hauta huoneelle sisään ja perässään Shimeon mutta tuli

Johanneksen evankeliumi

Luku 20

כתנא כד סימין:
asetetut kun kankaat

Mutta Shimeon tuli hänen perässään ja meni sisään sinne hautahuoneeseen, ja hän näki ne kankaat asetettuina.

⁷ וסודרא הו דחזיק הוא ברשה לא עם כתנא אלא כד כריך
. ja käärinliina se joka kiedottu ollut päänsä ei kanssa kankaat vaan kun kääritty

וסים לסטר בחדא דוכא:
ja asetettu sivulle yhdessä paikka

Ja se käärinliina, jolla hänen päänsä oli ollut kiedottu, ei ollut kankaiden kanssa, vaan ne olivat käärittyinä ja sivuun asetettuina yhdessä paikassa.

⁸ הידין על אף הו תלמידא דאתא קדמיא לבית קבורא
. silloin sisään myös hän oppilas joka tuli ensin huoneelle hauta

וחזא והימן:
ja näki ja uskoi

Silloin meni sisään myös se oppilas, joka tuli ensin hautahuoneelle, ja hän näki, ja hän uskoi.

⁹ לא גיר עדכיל ידעין הוו מן כתבא דעתיד הוא למקם
. sillä eivät vielä tunsivat olivat kirjoituksesta joka tuleva oli nousemaan

מן מיתא:
kuolemasta

Sillä he eivät vielä olleet tunteneet kirjoituksista, että hän oli tuleva nousemaan kuolemasta.

¹⁰ ואזלו הנון תלמידא תוב לדוכתהון:
ja menivät nämä oppilaat taas heidän paikalleen

Ja nämä oppilaat menivät vielä omille paikoilleen.

¹¹ מרים דין קימא הות לות קברא ובכיא וכד בכיא
. Mirjam mutta seisoi oli luona hauta ja itkemässä ja kun itkemässä

אדיקת בקברא:
katseli haudassa

Luku 20

Johanneksen evankeliumi

Mutta Mirjam oli seisomassa sen haudan luona ja itkemässä, ja katseli itkien sitä hautaa.

¹² וחזת תרין מלאכא בחורא דיתבין חד מן אסדוהי
hänen tyynystään yksi istuivat jotka valkoisissa enkelit kaksi näki ja

וחד מן רגלוהי איכא דסים הוא פגרה דישוע:
Jeshuan ruumiinsa oli laittanut että mihin jaloistaan yksi ja

Ja hän näki kaksi enkeliä valkoisissa, jotka istuivat, yksi tyynyllä ja yksi jalkopäässä, missä Jeshuan ruumis oli ollut laitettuna.

¹³ ואמרין לה אנתתא מנא בכיא אנתי אמרא להון דשקלוהי
pois ottaneet että heille sanoi sinä itkemässä mitä vaimo hänelle sanoivat ja

למרי ולא ידעא אנא איכא סמוהי:
hänet laittanut mihin minä tiedä enkä herralleni

Ja he sanoivat hänelle, "vaimo, mitä sinä itket?" Hän sanoi heille, että "minun Herrani on otettu pois, enkä minä tiedä, mihin hänet on laitettu."

¹⁴ הדא אמרת ואתפנית לבסתרה וחזת לישוע דקאם
seisoi joka Jeshualle näki ja takanaan käänsi kasvonsa ja sanonut tämä

ולא ידעא הות דישוע הו:
hän Jeshua että oli tiennyt eikä

Hän sanoi tämän, ja käänsi kasvonsa taakseen, ja näki Jeshuan, joka seisoi – eikä hän tuntenut, että hän oli Jeshua!

¹⁵ אמר לה ישוע אנתתא מנא בכיא אנתי ולמן בעיא אנתי
sinä etsit ketä ja sinä itkemässä mitä vaimo Jeshua hänelle sanoi

הי דין סברת דגננא הו ואמרא לה מרי אן אנת שקלתיהי
hänet ottanut pois sinä jos herrani hänelle sanoi ja hän puutarhuri että toivoi mutta hän

אמר לי איכא סמתיהי אזל אשקליוהי:
hänet ottamaan pois menen hänet laitettu mihin minulle sano

Jeshua sanoi hänelle, "vaimo, mitä sinä itket ja ketä etsit?" Mutta hän luuli, että hän oli puutarhuri, ja sanoi hänelle, "herrani, jos sinä olet ottanut hänet pois, sano minulle, mihin hänet on laitettu; minä menen ottamaan hänet pois."

¹⁶ אמר לה ישוע מרים ואתפנית ואמרא לה עבראית
hebreaksi hänelle sanoi ja käänsi kasvonsa ja Mirjam Jeshua hänelle sanoi

Johanneksen evankeliumi

Luku 20

רבולי דמתאמר מלפנא:

opettaja sanottu joka   rabbuli

Jeshua sanoi hänelle, "Mirjam!" Ja hän käänsi kasvonsa ja sanoi hänelle hebreaksi "rabbuli!", joka on sanottu, "opettaja!"

¹⁷ אמר לה ישוע לא תתקרבין לי לא גיר עדכיל סלקת

noussut vielä sillä en minulle lähestyvä älä Jeshua hänelle sanoi

לות אבי זלי דין לות אחי ואמרי להון סלק אנא לות אבי

isäni luokse minä nousen heille sano ja veljeni luokse mutta mene isäni luokse

ואבוכון ואלהי ואלהכון:

teidän Jumalanne ja Jumalani ja teidän isänne ja

Jeshua sanoi hänelle, "älä lähesty minua, sillä minä en ole vielä noussut minun isäni luokse. Mutta mene minun veljieni luokse, ja sano heille; minä nousen minun isäni luokse, ja teidän isänne, ja minun Jumalani ja teidän Jumalanne luokse."

¹⁸ הידין אתת מרים מגדליתא וסברת לתלמידא דחזת

näin että   oppilailleen toivotti ja Magdalitha Mirjam tuli silloin

למרן ודהלין אמר לה:

hänelle sanoi nämä että ja herrallemme

Silloin tuli Mirjam Magdalitha, ja antoi toivoa niille oppilaille, että "minä näin meidän Herramme", ja että nämä hän sanoi.

¹⁹ כד הוא דין רמשא דיומא הו דחד בשבא ותרעא אחידין

suljetut ovet ja viikossa ensimmäisen hän päivän ilta mutta oli kun

הו דאיכא דאיתיהון הוו תלמידא מטל דחלתא דיהודיא אתא

tuli juutalaisten pelon tähden oppilaat olivat he siellä jossa siellä että olivat

ישוע קם בינתהון ואמר להון שלמא עמכון:

kanssanne rauha heille sanoi ja keskellään seisoi Jeshua

Mutta kun oli ilta, sen viikon ensimmäisen päivän, ja ovet olivat suljettuina siellä, missä oppilaat olivat, juutalaisten pelon tähden, tuli Jeshua, seisoi heidän keskellään ja sanoi heille, "rauha teidän kanssanne!"

²⁰ הדא אמר וחוי אנון אידוהי וסטרה וחדיו תלמידא

oppilaat iloitsivat ja kylkensä ja kätensä heidät osoitti ja sanoi tämä

דחזו למרן:

herrallemme näkivät että

177

Luku 20

Johanneksen evankeliumi

Tämän hän sanoi, ja osoitti heille hänen kätensä ja kylkensä, ja oppilaat iloitsivat, että näkivät meidän Herramme.

²¹ אמר להון דין תוב ישוע שלמא עמכון איכנא דשדרני
minut lähetti että samoin kanssanne rauha Jeshua taas mutta heille sanoi

אבי אף אנא משדר אנא לכון:
teille minä lähetän minä myös isäni

Mutta Jeshua sanoi heille taas, "rauha teidän kanssanne! Samoin kuin minun isäni lähetti minut, minä myös lähetän teidät."

²² וכד אמר הלין נפח בהון ואמר להון קבלו רוחא דקודשא:
pyhyyden henki ottakaa heille sanoi ja heissä henkäisi nämä sanoi kun ja

Ja kun hän sanoi nämä, hän henkäisi heihin ja sanoi heille, "ottakaa vastaan se pyhyyden henki!"

²³ אן תשבקון חטהא לאנש נשתבקון לה ואן תאחדון
kiinniotatte jos ja hänelle vapautetaan ihmiselle synti vapautatte jos

דאנש אחידין:
kiinniotetaan ihmisen

Jos te vapautatte jonkun synnit, ne vapautetaan hänelle, ja jos pidätätte jonkun, ne pidätetään.

²⁴ תאומא דין חד מן תרעסרתא הו דמתאמר תאמא
kaksonen sanottiin jota hän oppilaistaan yksi mutta Thoma

לא הוא תמן הוא עמהון כד אתא ישוע:
Jeshua tuli kun kanssaan oli siellä ollut ei

Mutta Thoma, yksi hänen oppilaistaan, jota sanottiin kaksoseksi, ei ollut siellä heidän kanssaan, kun Jeshua tuli.

²⁵ ואמרין לה תלמידא חזין למרן הו דין אמר להון אלא חזא
näe ellen heille sanoi mutta hän herrallemme näimme oppilaat hänelle sanoivat ja

אנא באידוהי דוכיתא דצצא ורמא אנא בהין צבעתי ומושט
ojenna ja sormeni niissä minä laita ja naulojen paikat käsissään minä

אנא אידי בדפנה לא מהימן אנא:
minä usko en kyljessään käteni minä

Johanneksen evankeliumi

Ja ne oppilaat sanoivat hänelle, "me näimme meidän Herramme!" Mutta hän sanoi heille, "ellen näe hänen käsissään naulojen paikat, ja laita sormiani niihin, ja ojenna kättäni hänen kylkeensä, minä en usko."

26 ובתר תמניא יומין תוב לגו הוו תלמידא ותאומא
Thoma ja   oppilaat olivat sisällä   taas   päivät kahdeksan jälkeen ja

עמהון ואתא ישוע כד אחידין תרעא קם במצעתא
keskellään seisoi   ovet   suljettu   kun Jeshua   tuli ja   kanssaan

ואמר להון שלמא עמכון:
kanssanne   rauha   heille   sanoi ja

Ja kahdeksan päivän jälkeen, oppilaat olivat taas sisällä, ja Thoma heidän kanssaan, ja Jeshua tuli, ovien ollessa suljettuina, seisoi heidän keskellään ja sanoi heille "rauha teidän kanssanne!"

27 ואמר לתאומא איתא צבעך להרכא וחזי אידי ואיתא אידך
kätesi   tuo ja   käteni näe ja   tälle   sormesi tuo   Thoma'lle sanoi ja

ואושט בגבי ולא תהוא לא מהימנא אלא מהימנא:
uskollinen   vaan   uskollinen   ei   oleva   eikä   kylkeeni kosketa ja

Ja hän sanoi Thoma'lle, "tuo sormesi tänne ja katso käsiäni, ja tuo kätesi ja kosketa kylkeeni, äläkä ole epäuskoinen, vaan uskollinen!"

28 וענא תאומא ואמר לה מרי ואלהי:
Jumalani ja herrani hänelle   sanoi ja   Thoma vastasi ja

Thoma vastasi ja sanoi hänelle, "minun Herrani, ja minun Jumalani!"

29 אמר לה ישוע השא דחזיתני הימנת טוביהון
siunatut   uskoit minut näit että   nyt   Jeshua hänelle sanoi

לאילין דלא חזאוני והימנו:
uskovat ja minua näe ei jotka   niille

Jeshua sanoi hänelle, "nyt sinä uskot, kun näit minut. Siunattuja ovat ne, jotka eivät näe minua, ja uskovat!"

30 סגיאתא דין אתותא אחרניתא עבד ישוע קדם תלמידוהי
oppilaidensa edessä   Jeshua   teki   toisia   merkkejä mutta   monia

אילין דלא כתיבן בכתבא הנא:
tämä kirjoituksessa kirjoitetut ei jotka   ne

Luku 20

Johanneksen evankeliumi

Mutta Jeshua teki monia muitakin merkkejä oppilaidensa edessä, niitä, joita ei ole kirjoitettu tässä kirjoituksessa.

³¹ אָף הָלֵין דִין דִכְתִיבָן דְתִהִימְנוּן דִישׁוּעַ הוּ מְשִׁיחָא בְרֵה
poikansa Messias hän Jeshua että uskoisitte että kirjoitetut jotka mutta nämä myös

דַאלָהָא וְמָא דְהַימֶנתוּן נֶהֶוֹון לְכוֹן בִּשְׁמֵה חַיֵא דַלְעָלַם:
iankaikkinen elämä nimessään teille olisi uskotte että kun ja Jumalan

Mutta nämäkin ovat kirjoitetut, että te uskoisitte, että Jeshua on hän, se Messias, Jumalan poika, ja kun te uskotte, teille tulisi hänen nimensä kautta se iankaikkinen elämä.

Luku 21

Johanneksen evankeliumi

21:1 בתר הלין חוי תוב נפשה ישוע לתלמידוהי
oppilailleen Jeshua sielunsa taas osoitti nämä jälkeen

על ימא דטיבריוס חוי דין הכנא:
siten mutta oli Tiberius'n meri yllä

Näiden jälkeen Jeshua taas ilmoitti sielunsa oppilailleen Tiberiaan meren päällä, mutta se oli näin;

2 איתיהון הוו אכחדא שמעון כאפא ותאומא
Thoma ja Keefa Shimeon yksi kuin olivat he siellä

דמתאמר תאמא ונתניאיל הו דמן קטנא דגלילא
Galilean Katna'sta joka hän Nathanael ja kaksonen sanottu joka

ובני זבדי ותרין אחרנין מן תלמידא:
oppilaistaan toiset kaksi ja Zebadi pojat ja

He olivat siellä kuin yhtenä; Shimeon Keefa ja Thoma, jota sanottiin kaksoseksi, ja Nathanael, hän, joka oli Galilean Katna'sta, ja Zebadi'n pojat ja toiset kaksi hänen oppilaistaan.

3 אמר להון שמעון כאפא אזל אנא אצוד נונא אמרין
sanoivat kala saamaan minä menen Keefa Shimeon heille sanoi

לה אף חנן אתינן עמך ונפקו וסלקו לספינתא ובהו
siinä ja veneelle nousivat ja lähtivät ja kanssasi tulemme me myös hänelle

לליא מדם לא צדו:
saaneet ei asia yö

Shimeon Keefa sanoi heille, "minä menen saamaan kalaa." He sanoivat hänelle, "mekin tulemme sinun kanssasi." Ja he lähtivät ja nousivat veneeseen, eivätkä saaneet sinä yönä mitään.

4 כד דין הוא צפרא קם ישוע על יד ימא ולא ידעו
tunsivat eikä meri sivu yllä Jeshua seisoi aamu oli mutta kun

תלמידא דישוע הו:
hän Jeshua että oppilaat

Mutta kun oli aamu, Jeshua seisoi meren laidalla, eivätkä oppilaat tunteneet, että hän oli Jeshua.

5 ואמר להון ישוע טליא למא אית לכון מדם למלעס
syötäväksi asia teille siellä onko lapset Jeshua heille sanoi ja

Luku 21

Johanneksen evankeliumi

אמרין לה לא:
ei hänelle sanoivat

Ja Jeshua sanoi heille, "lapset, onko teillä siellä mitään syötävää?" He sanoivat hänelle, "ei..."

⁶ אמר להון ארמו מצידתכון מן גבא דימינא דספינתא
veneen oikean laidasta verkkonne heittäkää heille sanoi .

ומשכחין אנתון וארמיו ולא אשכחו למגדה למצידתא
verkolle vetämään pystyneet eivätkä heittivät ja te löydätte ja

מן סוגאא דנונא דאחדת:
kiinniottivat jotka kalojen paljoudesta

Hän sanoi heille, "heittäkää verkkonne veneen laidan oikealle puolelle, ja te löydätte!" Ja he heittivät, eivätkä pystyneet vetämään sitä verkkoa niiden saamiensa kalojen paljouden tähden.

⁷ ואמר תלמידא הו דרחם הוא לה ישוע לכאפא הנא מרן הו
hän herramme tämä Keefa'lle Jeshua hänelle oli rakas joka hän oppilas sanoi ja .

שמעון דין כד שמע דמרן הו נסב כותינה מחא בחצוהי מטל
koska lantionsa vyötti vaatteensa otti hän herramme että kuuli kun mutta Shimeon

דערטליא הוא ושדא נפשה בימא דנאתא לות ישוע:
Jeshua luokse tuleva että vedessä sielunsa heitti ja oli alaston että

Ja se oppilas, joka oli rakas Jeshualle, sanoi Keefa'lle, "tämä on meidän Herramme." Mutta Shimeon sen kuullessaan, että "meidän Herramme", hän otti vaatteensa, vyötti lantionsa, koska oli alasti, ja heittäytyi veteen, tullakseen Jeshuan luokse.

⁸ אחרנא דין תלמידא בספינתא אתו לא גיר רחיקין
kaukana sillä ei tullut veneessä oppilaat mutta toiset .

הוו סגי מן ארעא אלא איך מאתין אמין ונגדין הוו לה
sille olivat vetivät ja kyynärät kaksisataa kuin vaan maasta paljon oli

למצידתא הי דנונא:
kalojen se verkolle

Mutta toiset veneessä olleet oppilaat eivät tulleet, sillä he olivat kovin kaukana maasta, noin kaksisataa kyynärää, ja he olivat vetämässä sitä kalaverkkoa.

⁹ כד דין סלקו לארעא חזו גומרא כד סימן ונונא כד
kun kalat ja asetetut kun hiilet näkivät maalle nousivat mutta kun .

Johanneksen evankeliumi

Luku 21

סים עליהין ולחמא:
leipä ja heidän ylleen asetti

Mutta noustessaan maalle he näkivät hiilet asetettuna, ja kalat asetettuna niiden päälle, ja sen leivän.

¹⁰ ואמר להון ישוע איתו מן הנון נונא דצדתון השא:
  . nyt saaneet jotka kalat näistä tuokaa Jeshua heille sanoi ja

Ja Jeshua sanoi heille, "tuokaa niistä kaloista, joita nyt saitte."

¹¹ וסלק שמעון כאפא ונגדה למצידתא לארעא כד מליא
  täynnä kun maalle verkolle sen vetivät ja Keefa Shimeon nousi ja

נונא רורבא מאא וחמשין ותלתא ובהנא כלה יוקרא לא
ei paino kaikkensa tässä ja kolme ja viisikymmentä ja sata valtava kalat

אצטרית מצידתא הי:
se verkko repeillyt

Ja Shimeon Keefa nousi, ja he vetivät sen verkon maalle, sen ollessa täynnä valtavia kaloja, sata ja viisikymmentäkolme, ja kaikesta tästä painosta se verkko ei repeillyt.

¹² ואמר להון ישוע תו אשתרו אנש דין מן תלמידא לא
  e i oppilaista mutta ihminen aterioikaa tulkaa Jeshua heille sanoi ja .

ממרח הוא דנשאליוהי דמנו דידעין הוו דמרן הו:
hän herramme olivat tunsivat että hän kuka että häntä kysyneet että oli uskaltanut

Ja Jeshua sanoi heille, "tulkaa, aterioikaa!" Mutta kukaan oppilaista ei uskaltanut kysyä häneltä, että kuka hän on, sillä he tunsivat, että hän on se meidän Herramme.

¹³ קרב דין ישוע ושקל לחמא ונונא ויהב להון:
  . heille antoi ja kalat ja leipä otti ja Jeshua mutta lähestyi

Mutta Jeshua lähestyi, ja otti leivän ja kalat, ja antoi heille.

¹⁴ הדא דתלת זבנין אתחזי ישוע לתלמידוהי כד קם
  . nousi kun oppilailleen Jeshua näyttäytyi kerta kolmas tämä

מן בית מיתא:
kuolleet huoneesta

Tämä oli kolmas kerta, kun Jeshua näyttäytyi oppilailleen noustuaan kuolleista.

183

Luku 21

Johanneksen evankeliumi

¹⁵ כד דין אשתריו אמר ישוע לשמעון כאפא שמעון בר־יונא
   . ateriovat mutta kun sanoi Jeshua Shimeon'lle Keefa Shimeon Bar-Jona

רחם אנת לי יתיר מן הלין אמר לה אין מרי אנת ידע אנת
sinä rakastat sinä tunnet sinä herrani niin hänelle sanoi näistä enemmän minulle

דרחם אנא לך אמר לה רעי לי אמרי:
karitsoitani minulle ruoki hänelle sanoi sinulle minä rakastan että

Mutta heidän aterioidessaan Jeshua sanoi Shimeon Keefa'lle, "Shimeon, Bar-Jona, rakastatko sinä minua enemmän kuin nämä?" Hän sanoi hänelle, "niin , minun Herrani, sinä tiedät, että minä rakastan sinua." Hän sanoi hänelle, "ruoki minun karitsoitani."

¹⁶ אמר לה תוב דתרתין זבנין שמעון בר־יונא רחם אנת
   . sinä rakastat Bar-Jona Shimeon kerta toisen taas hänelle sanoi

לי אמר לה אין מרי אנת ידע אנת דרחם אנא לך אמר
sanoi sinulle minä rakastan että sinä tunnet sinä herrani niin hänelle sanoi minulle

לה ישוע רעי לי ערבי:
karitsoitani minulle ruoki Jeshua hänelle

Taas hän sanoi hänelle, toisen kerran, , "Shimeon, Bar-Jona, rakastatko sinä minua?" Hän sanoi hänelle, "niin , minun Herrani, sinä tiedät, että minä rakastan sinua." Jeshua sanoi hänelle, "ruoki minun karitsoitani."

¹⁷ אמר לה דתלת זבנין שמעון בר־יונא רחם אנת לי וכרית
   . suru ja minulle sinä rakastat Bar-Jona Shimeon kerta kolmas hänelle sanoi

לה לכאפא דאמר לה דתלת זבנין דרחם אנת לי ואמר לה
hänelle sanoi ja minulle sinä rakastan että kerta kolmannen hänelle sanoi että Keefa'lle hänelle

מרי כל מדם אנת חכם אנת ידע אנת דרחם אנא לך
sinulle minä rakastan että sinä tunnet sinä sinä viisas sinä asia kaikki herrani

אמר לה ישוע רעי לי נקותי:
lampaitani minulle ruoki Jeshua hänelle sanoi

Hän sanoi hänelle kolmannen kerran, "Shimeon, Bar-Jona, rakastatko sinä minua?" Ja Keefa'lle tuli suru, että hän sanoi hänelle kolmannen kerram, että 'rakastatko sinä minua', ja hän sanoi hänelle, "minun Herrani, sinä olet joka asiassa viisas, sinä tiedät, että minä rakastan sinua!" Jeshua sanoi hänelle, "ruoki minun lampaitani."

¹⁸ אמין אמין אמר אנא לך דכד טלא הוית אנת לנפשך
   . sielullesi sinä olit lapsi kun että sinulle minä sanon amen amen

Luku 21

Johanneksen evankeliumi

אסר הוית חציך ומהלך הוית לאיכא דצבא אנת מא דין
<small>mutta kun sinä tahdot että minne olit vaellat ja kupeesi olit sidoit</small>

דסאבת תפשוט אידיך ואחרין נאסור לך חציך ונובלך
<small>sinut saattaa ja kupeesi sinulle sitova toinen ja kätesi ojentava vanhentunut että</small>

לאיכא דלא צבא אנת:
<small>sinä tahdo ettet minne</small>

Amen, amen, minä sanon sinulle, että kun olit lapsi, sinä itse sidoit kupeesi ja vaelsit, minne tahdoit, mutta kun sinä vanhenet, tulet ojentamaan kätesi ja toinen on sitova sinun kupeesi, ja saattaa sinut sinne, minne sinä et tahdo."

19

הדא דין אמר דנחוא באינא מותא עתיד דנשבח לאלהא
<small>Jumalalle kirkastava tuleva kuolema millaisessa oleva että sanoi mutta tämä</small>

וכד אמר הלין אמר לה תא בתרי:
<small>perässäni tule hänelle sanoi nämä sanoi kun ja</small>

Mutta tään hän sanoi, että millaisella kuolemalla hän olisi tuleva kirkastamaan Jumalaa. Ja nämä sanottuaan hän sanoi hänelle, "tule perässäni!"

20

ואתפני שמעון כאפא וחזא לתלמידא הו דרחם הוא ישוע
<small>Jeshua oli rakas joka hän oppilaalleen näki ja Keefa Shimeon käänsi kasvonsa ja</small>

דאתא בתרה הו דנפל הוא בחשמיתא על חדיה דישוע
<small>Jeshuan rintansa yllä siinä ateriassa oli lankesi joka hän perässään tuli joka</small>

ואמר מרי מנו משלם לך:
<small>sinulle pettävä kuka herrani sanoi ja</small>

Ja Shimeon Keefa käänsi kasvonsa, ja näki sen oppilaan, joka oli Jeshualle rakas, joka tuli hänen perässään, hän, joka oli langennut sillä aterialla Jeshuan rinnan päälle ja sanoi, "minun Herrani, kuka on sinut pettävä?"

21

להנא כד חזא כאפא אמר לישוע מרי והנא מנא:
<small>mitä tämä ja herrani Jeshualle sanoi Keefa näki kun tälle</small>

Tämän nähdessään Keefa sanoi Jeshualle, "minun Herrani, entäs tämä?"

22

אמר לה ישוע אן צבא אנא דנקוא הנא עדמא דאתא אנא
<small>minä tulen että kunnes tämä pysyvä että minä tahdon jos Jeshua hänelle sanoi</small>

לך מא לך אנת תא בתרי:
<small>perässäni tule sinä sinulle mitä sinulle</small>

Johanneksen evankeliumi

Jeshua sanoi hänelle, "jos minä tahdon, että tämä pysyisi, kunnes minä tulen, mitä se sinulle on? Tule sinä minun perässäni."

²³ ונפקת הדא מלתא בית אחא דהו תלמידא לא מאת ישוע
ja aloitti tämä sana huone veljet että hän oppilas ei kuole Jeshua

דין לא הוא דלא מאת אמר אלא דאן צבא אנא דנקוא הנא
mutta ei ollut ettei kuole sanoi vaan että jos tahdon minä että pysyvä tämä

עדמא דאתא אנא לך מא לך:
kunnes että tulen minä sinulle mitä sinulle

Ja tämä aloitti sen sanan veljien keskellä, että se oppilas ei kuole, mutta Jeshua ei ollut sanonut, ettei hän kuole, vaan sanoi, että 'jos minä tahdon, että tämä pysyisi, kunnes minä tulen, mitä se sinulle on'.

²⁴ הנו תלמידא דאסהד על הלין כלהין ואף כתב אנין
tämä oppilas joka todistaa ylle nämä kaikki ne ja myös kirjoitettu ovat

וידעין חנן דשרירא הי סהדותה:
ja tunnemme me että totuus se todistuksensa

Tämä oppilas todistaa näistä kaikista, ja ne ovat myös kirjoitettu, ja me tiedämme, että se hänen todistuksensa on totuus.

²⁵ אית דין אף אחרניתא סגיאתא דעבד ישוע אילין דאלו
on mutta myös toiset merkit monet jota teki Jeshua ne että jos

חדא חדא מתכתבן הוי אף לא הו עלמא איך דסבר אנא
yksi yksi kirjoitetut olisi myös ei se maailma kuin että toivon minä

ספק הוא לכתבא דמתכתבין הוו:
tarpeeksi oli kirjoituksille että kirjoitetut olisi

Mutta on myös monia muitakin merkkejä, joita Jeshua teki, että jos ne kohta kohdalta olisivat kirjoitetut, ei edes maailman kirjoituksissa – minä luulen – olisi tarpeeksi tilaa kirjoittaa niitä.

www.ingramcontent.com/pod-product-compliance
Lightning Source LLC
Chambersburg PA
CBHW060420300426
44111CB00018B/2912